中国古代制度史研究

何捷 ◎著

中国纺织出版社有限公司

内 容 提 要

中华文化之所以能够长久地延续和发展，是因为它具有丰富的内涵和特色，并逐渐发展成“一揽子”制度，从而为我国的治理提供了一系列制度保证。

该书以通俗易懂的方式，对中国古代政体历史的分类进行了简要的剖析，全书共四章，分别介绍了中国古代都城的由来与发展、中国古代政体历史的发展、中国古代的政府机构和功能、中国古代户籍制度，使读者对中国古代制度有了一定了解，特别是对中国古代都城的介绍从基础层面对古代制度进行了全面体现，有助于读者对古代制度从基础进行了解。

图书在版编目（CIP）数据

中国古代制度史研究 / 何捷著. -- 北京：中国纺织出版社有限公司，2023. 10

ISBN 978-7-5229-1085-7

Ⅰ. ①中… Ⅱ. ①何… Ⅲ. ①政治制度史－研究－中国－古代 Ⅳ. ①D691. 2

中国国家版本馆CIP数据核字（2023）第189618号

责任编辑：史 岩　　责任校对：高 涵　　责任印制：储志伟

中国纺织出版社有限公司出版发行

地址：北京市朝阳区百子湾东里 A407 号楼　邮政编码：100124

销售电话：010—67004422　传真：010—87155801

http://www.c-textilep.com

中国纺织出版社天猫旗舰店

官方微博 http://weibo.com/2119887771

北京虎彩文化传播有限公司印刷　各地新华书店经销

2023 年 10 月第 1 版第 1 次印刷

开本：710×1000　1/16　印张：12

字数：256 千字　定价：99.90 元

前　言

中国古代体制文化有悠久的渊源和自成一体的特点，它在东亚地区有广泛而深远的影响力。从历史上看，中国古代体制文化有不可忽视的影响力。中国古代制度文化的根本特征可以从多种视角加以归纳，但是，必须考虑其历史渊源、制度形态、运行程序、规则特征和价值目标等制度文化中更为关键的环节。中国古代体制文化，按照现有的标准，可以划分为经济、文化、社会、政治等领域，但它在现实生活中并非如此，它呈现出一种不可分割的形式，而且它的内涵体现了礼、法、俗三方面统一，在实施过程中体现了道德和政治的双重激励，在规范的目标上体现了道德规范和成人成己的道德品质。

中国古代的国家机构是以农耕文化为基础的，它是最严格的管理体系。中国古代官吏“阶级伦理”的儒教思想与之融合，构成了中国古代官吏制度特有的一种基本价值观：一种顺应世界的“世俗理性”；一元主义取向的合法性的价值诉求。但也存在体制上的弊端，即体制的民主化荒漠、体制形式上的合理性缺失。

中国古代体制和文化发展过程十分清楚，但其内涵也是多种多样的，所以要了解中国古代体制文化绝非易事，以至于产生了“一言一语而一语”现象。正确认识中国古代体制文化，就可以对其进行客观的描写和价值判断。这基本包含三个要素。第一，中国古代体制文化是一个渐进的过程；第二，中国古代体制文化呈现出一种动态的发展历程；第三，中国古代体制文化包含了整个社会的方方面面。中国古代政治文化是以独特的形式构成了整个社会文化体系。

该书以通俗易懂的方式，对中国古代政体历史的分类进行了简要的剖析，全书共四章，分别介绍了中国古代都城的由来与发展、中国古代政体历史的发展、中国古代的政府机构和功能、中国古代户籍制度，使读者对中国古代制度有了一定了解，特别是对中国古代都城的介绍从基础层面对古代制度进行了全面体现，有助于读者对古代制度从基础进行了解。

本文旨在为有关领域的人们提供一定的参考。

何捷

2023 年 6 月

目 录

第一章 中国古代都城的由来与发展

第一节 原始社会的都城

都城是在政府体制形成之后才开始存在的。不过这种现象并非突如其来，而是一种渐进的发展。从现存的考古学材料来看，在原始时代，氏族村庄已经逐步使用了战壕和栅栏等防护手段，并且形成了完整的村庄格局。这是一座城市的雏形，或者说是首都的源头。

（一）氏族制村落在仰韶时代

在五六千年以前，在仰韶文明的新石器时代，氏族村落周边已经形成了护城河，村庄的分布也比较合理。本书以陕西省西安临潼地区的“半坡村”为实例：

（1）西安半坡遗迹为一个稍长的椭圆形建筑，聚落在南部沿河，北侧有一道拱形战壕，并以河道和战壕为屏障。在战壕与河道中间，有一个向东南方向的裂缝，用以通往村庄。在战壕东北部，是用于制作陶瓷的公用窑，而在战壕北部，则是家族的坟墓。在沟口之外，还有各种不同的墓室，这是一个公用的储藏室。居住区中心是大型的公众集会场所，四周都是小型房屋。

（2）临潼蒋寨村氏族村落，南依河流而建，北、东、南三面均有战壕。在战壕东侧，有一个豁口，在西北方向，也有一个豁口，可以通往村庄。

在河流西侧，是制陶区，在战壕东侧，是一个家族的坟场。在村庄中央，是一个氏族的集体聚会和娱乐场所，它的四周被分成许多区域，每个区域都有一幢大的房屋和一些小型的房屋，它们的入口都朝向中央。

住宅的布置主要集中在大房子或大院子里，向阳的道路朝东，沿着河，北部有战壕，有河水，有氏族的坟墓，这些都是为了满足氏族的共同生存和保卫氏族的需要。这样的规划，才是未来的都市。

（二）龙山古建筑

墙是一种更高级的防备，但在后来才被发现。根据目前的考古发现，龙山文明的中、后期，已经出现了一些古堡式的建筑物。下面是三个主要的古堡遗迹：

（1）河南登封告成镇以西 1 千米处的王城岗古堡遗迹，在 1977~1980 年挖掘出两座由东西方连接的古堡遗迹。现在东城仅剩下南边的一块，剩下的南边大约 30 米，而西侧的那块大约 65 米的东西，大概是个四四方方的样子。西城位于东城的西部，南北两面城墙的底槽和夯土仍在，南北城墙 82.4 米、92 米、29 米。在古堡内部，中央及西南地区，均有与城墙同一时代之夯土物。有的夯筑于环形坑洞，而在某些夯土与夯土的夹缝中，也有成人及孩童的骨骼，这是该建筑物的地基基础。王城岗四段陶窑中发现一具铜质器皿碎片。该古堡为龙山中、晚时期。用碳 14 来计算，是四千加六十五年，也就是西周 2050 年左右，与历史上的夏之初差不多。与《古本竹书纪年》《世本》中所述“禹都阳城”的地理位置相吻合，阳城是春秋时期的一座古城，位于告成镇东寨外。后来又有人推测，这是夏前期的首都。

（2）平谷台古堡遗址，坐落在大朱庄西南，距河南淮阳东南约 4 千米处，名“平谷台”或“平谷坟场”。该建筑的建筑平面为四四方方，各有 185 米，建筑占地 34000 余平方米，其中包括围墙和外部建筑，占地面积 50000 多平方米。现有的城墙较低处为 13 米，顶端 8~10 米，残高 3 米。西南角楼保留完好，其外角处有轻微的弯曲。建造城池的方式很简单，首先建造一座小型的土墙，然后在土墙的外侧一层一层地加固，将土墙的上部加固，再将土墙砌在上面，中间是城门和道路，南面是相对的门楼，每一扇门都是南北两个方向。在泥路下面铺设了一条陶瓷管道，它的北面比南面一头要高一些，这样可以方便地把雨水从城市里引出来。在东北地区发现了一列一列的地基，在一些地基基础上有夯土台，地基四周有砖石砌墙、石柱等遗迹。在平谷台三段的灰坑中发现了大量的冶炼废渣。这是一处龙山文化遗迹，具有豫东地域特色。

（3）山东龙山镇的章丘，在 1930~1931 年，发现了成子崖遗迹。该遗址为一南一北的矩形，南北长 450 米，东西宽 390 米。以往曾有质疑，以为它是上一期的龙山文明，而非较低的一期，因此推测它是战国时期的长城。目前，因龙山文化中晚期城址王城岗和平粮台的发掘，可以推断城子崖也属于龙山时代的古堡。

（三）西下冯城垣与战壕

城池和城垣都属于古时候的防御工事，不过从其发展历程来判断，壕塘的历史更久远，而城垣则要晚于此，以上所说的仰韶村和龙山文化的古堡就可证实。这一现象在山西夏县青龙河的东下冯的废墟中得到了证实。

东下冯遗址共分为两个阶段，其中上、下两个阶段为早期的商朝时期，而在下层为二里头。东下冯遗留有两个“回”字形的战壕，其平面为上宽下窄的倒梯形，内沟边长 130 米，外槽边长 150 米，内外两条平行线的间隔在 5.5~12.3 米。沟槽纵向上宽，下窄，中间沟口宽为 5~6 米，外水槽宽度为 2.8~4 米，底部宽度为 2~3 米。现有的沟至沟的深度约为 3 米。居住地址为窑洞，多建在山崖或山沟附近。除了石器、骨器和陶器以外，还有铜镞和铜凿等。

商朝早期尚有古堡，现均被掩埋，现仅有南北两面墙体。在南面的中部，有一条蜿蜒的道路，全长大约 400 米。位于此堡西南方向的东下冯式残留物有倒阶梯状的战壕。西城墙的南面正好与战壕的西侧平行。它的西侧是壕沟的南侧，中间是弯曲的，是壕沟的南角落。台基基座均为圆锥形，比当时的地表高 30~50 厘米，宽 8.5~10 米，中间有一大孔，四周有二三十个小型孔穴。这些建筑井井有条，每一座都相距 5 米，一看就是精心设计的。

从东下冯的遗迹可以看出，山西二里头文化时代仅有护城河，而在商朝初期则建立了城堡。

从总体上讲，以战壕或碉楼为住宅，在防卫设施之内有特定的布局和计划，这是在原始社会晚期逐步发展起来的。在仰韶时代，氏族村落开挖围护的战壕，仅是防备野兽的突袭。在龙山时期，人们用城墙来修建防御工事，也许是由于那时各部族已经互相抢掠，以防其他部族偷袭。当政府组织建立起来，互相打仗的时候，这座堡垒的建造更加完善。将城墙与战壕组合在一起，成为一座城市的防御性建筑，也许是在更晚的时候才被提出的。现存考古发现的三处殷墟，第一处仅有战壕，第二处仅有城垣，第三处则与战壕连在一起。至商朝中叶，已经有了一座既有围墙又有战壕的古堡。

第二节　以东北为重心的商王朝都城格局

现出土的商朝都城遗址为郑州商朝早期的商业中心；还有湖北黄陂（那时是商朝南部一个领主的首都）的龙城，比郑州的商场要晚一些；此外，安阳殷墟也是商朝晚期。应该指出的是，它们的版面结构大致包括以下五个方面：

第一，商王朝的都城，要么有围墙做防水措施，要么有与河水相连的战壕，还有围墙和战壕的组合。

河南郑州地区的殷墟发掘于 1955 年，其城垣时代与殷商早期二里岗时期的低级文明相类似，大约在公元前 15 世纪中期（根据碳 14 的计算，是在公元前 1620 年左右）。这座墙几乎是四四方方的，唯一不同的是，北墙的中央是朝北的。整体呈西北方向，稍微偏西。东墙和南墙长 1700 多米，西墙为 1870 多米，北墙为 1690 多米，四周长 6960 多米，长 7000 米。该地区的墙体截面为阶梯状，底部宽度为 20 米，顶部宽度为 5 米，高度为 10 米。

湖北黄陂，盘龙湖畔，地处武汉市西南 5000 米处，每年涨潮之时，三面环水，在干旱季，在西部和南部，曾有商代的成和墓葬，可见当时地貌与今日大不相同，原来整个城是由陆地相连的。这座城市呈四四方方的形状，南北长 250 多米，东西宽 260 多米。这里的地形呈西北高，东南低。根据当地人的说法，数十年以前，这座城墙拔地而起，在每个地方都有一个城门。在西南边角处，还能看见一道十余丈的战壕。整个城池和整个城市的面积，不足郑州广场的 25 倍。建城时代与二里岗的商业时代相同，晚于郑州商城。

殷墟位于河南安阳西北部，为商末之后的首都，占地超过 24 平方千米。1949 年以后，我国考古学家对此进行了大量的挖掘与考察，然而，迄今尚未见到长城遗址。今小屯村北部，宫殿区位于黄河的西南方向。据考古学家考证，黄河河水从未被人动过。今小屯村中央往西 200 多米，发现一条大型的商代战壕，目前已经勘探到长 750 米，宽 7~21 米，深 5~10 米，此战壕自王宫区西南方向蜿蜒至东北部，布满尘埃，并与自西北方向流向东的黄河汇合，形成了一道坚固的屏障。

第二，殷商的都城已经有了一些基本的规划，宫殿区是政治中心，位于城市的东北。

在郑州商场东北地区，二里岗遗址中，发掘了 10 个夯土平台。该区域东西宽 750 米，南北长 500 米。目前发现的王宫遗址有 2 座，其中一座为 100 平方米，另一座为 2000 余平方米。一个是东里路，另一个是紫荆路，是一个长方形的地基，里面用泥土和夯实地基，然后在地基上凿出两行长方形的凹坑，北边有 27 个，东边有 10 个。

除此之外，在盘龙城的东北方向，有一座巨大的建筑群，建造的方式是在地面上挖一个洞，然后建造一个平台，再在平台上建造一座房屋。目前，已经找到 3 个基本的建筑，它们的位置与墙壁的位置是相同的。后院有长廊，四壁有阶梯，有 4 个房间，最大的两个房间都有大门，其中有一个应该是卧室。

殷墟并没有城墙，宫殿区也没有任何防御措施，只是将宫殿区和战壕连接在一起。现发掘的建筑物基础有 56 个，形态有长方形、方形、凸形、凹形、条形等。最大的一处遗址，南北长 85 米，东西宽 14.5 米，比之盘龙城现存的王宫还要大一圈。

第三，墓葬区的周围。

郑州商场周边均有墓葬区，白家庄位于城东北部，杨庄位于东南角，南面为郑州烟厂，西面为人民公园。在这片区域中，除了盘龙城，还有东西和北面。殷墟宫殿区西北、武官村、侯家庄与西北山麓的王陵区、贵族坟场、墓葬群分布于洹河北边。墓葬区位于宫殿区的东北部，位于洹河东北部的大司空村。在宫殿区的西南方，有一个王公墓地。

第四，手工艺人的工厂在周边地区是分散的。

郑州商场北城墙北部 200 米的冶炼工场，用于铸造铜刀、箭镞等武器，并作为盛器；在北方 200 米的地方是制作骨头的工场。在南城墙中部 500 米的地方，有一个冶炼的工场，用来铸（大）青铜和其他器皿。在西城墙以北 1300 米的地方，有一个陶艺工场。殷墟宫殿区域有冶铜、制骨等工坊，规模较小。宫殿区之外，大部分工场都集中在附近，1000 米的铁路苗圃和 2000 米的孝民屯，3000 米的北辛庄和大司空村，都有制骨厂。从殷墟发掘出来的大量玉石、海贝、龟甲、鲸骨和海蚌等可以看出，这里是为王公服务的商人。

第五，聚落主要集中在周边农业和手工业地区。

在郑州商场附近，紫荆山、白家庄、铭功路、郑州市北边的任角，都有 13 个小型房屋，是当时的普通王公贵族的住所。西城区铭功路西边的陶艺作坊，现已发掘出 14 个小地基，均为半地下洞穴，占地不到 10 平方米，最小的为 4~5 平方米，十分破旧，估计是陶艺工人居住的地方。殷墟宫殿区周边住宅楼及工场周边住宅区，亦有许多小房子，有些是地上建筑，应该是普通穷人居住之处；也有一些是半埋在地下的，大小不等，最小的有 2 米，最大的有 7 米，这是平民和奴隶居住的地方。

第三节　“大邑商”与商代的别都体制

（一）“大邑商”的地理位置与地域划分

殷墟的甲骨文中，将“中商”“大邑商”称为“商”的地方都有。“中商”一词在占卜中出现的频率极少，用词十分简练，难以确定其具体位置。“商”这个字在很多地方都能见到，尤其是“王之人于商朝”，也就是今天的殷墟。然而，在“商”这个词里，并不完全指一个地方，有些地方显然是商丘。在《周易》中，有些“商”字，是大邑商人的缩写，也就是王畿。

罗振玉和王国维将“大邑商”作为王畿的说法是对的。成王说，武王征服了“大邑”，显然是指商都。《逸周书·度邑篇》记载，武王克商后，寝食难安，由于没有“天佑，以天宫”，所以建议在伊汭和洛汭建立一个新的都城（伊汭，即伊水入洛水处；洛汭，洛水入黄河处）。也就是何氏所刻的“余氏中国之家”。“中国”一词的含义是中原洛阳。

王畿在商朝的疆域较为广大。《战国策·魏策》中说，吴起（约公元前 440~ 公元前 381 年），孟门位于河南辉县以西的太行山上，是一处要道。言下之意，是说，殷、商之国，左边有太行山，右边有漳水，有滏水，有黄河，有山岭，这些都是天然的屏障。所谓的商朝，其实就是王畿，也就是王畿四面八方都有这种天然的屏障，并非王畿的疆域那么大。“邑”中的“稍大其邑”，即“大邑”，即大邑人，即为“大邑”。这里所说的朝歌、邯郸、沙丘，都是建立在离宫和府邸的地方，并非王畿的疆域就局限在这三个地方。不过，从《古本竹书纪年》和《战国策》中吴起的说法，我们可以看出，大邑的疆域辽阔，有太行山，有黄河，有漳，还有朝歌、邯郸、沙丘。

因此，在商末，选择安阳、殷墟为都城，并借助其天然屏障，实是其主要理由之一。由于其东西两个方向刚好是黄河，而西部刚好是太行山，也就是，先有江，后有山。不过，王畿并不局限于黄河和太行山，在黄河以南、太行山以北，应该也有很多要塞。否则，这道天然屏障就不好防御了。比如今天河北巨鹿县东南方的一个小山包，就是古代黄河支流的东边。

那时，王畿以北，应该是现在河北的邢台、大鹿县。今邢台市西南部，曾有大规模的早期商代遗址。

王畿之南，应当跨越黄河，从今天的洛阳到郑州。这一点，从武王在黄河南部和北疆的行动中就可以看出。武王从盟津（河南孟津）出发，在过牧野之前，必须占领黄河以南的重要城镇，以备不时之需。若非如此，军队根本无法跨越盟津。当武王在牧野一役中获得了决定性胜利，击败了大商时，便下令兵分两路，向南方进发。《逸周书·世浮篇》记载，武王下令兵分七路，除了吕望去追殷帅之外，其他六路都是针对南方的贵族，吕他伐越（河南巩义），候来伐殷将军在河南淮阳，百异伐卫（河南滑县南部），陈本伐李氏（河南禹州市），百韦伐新夷（今河南新郑、禹州市东北部）。而黄河南边的重要城市——洛邑（今河南洛阳），以及今天河南郑州的管邑，都没有被当作进攻的对象。洛邑、管邑是殷人的领地，但商朝并未在此建立领地，此时已经为武王统治。

武王很久以前就意识到了洛邑与管邑的重要。于是，他在征服商之后，提出在管邑坐镇，并将自己的领地交给了关伯，成为“三监”中的一员，负责监管王畿。

（二）“大邑商”在“商郊牧野”中的“郊”与“野”体制

商朝将整个王畿视为“大邑商”的“大邑”，并将其作为中心首都之外，周边大片区域，也被称作“郊”。按各郡而言，在城市之外的地方叫作“野”。武王带兵入城，之所以被称作“商郊牧野”，是因为他是商国的一员。古代典籍中经常提到胶鬲，比如《吕氏春秋·贵因篇》，武王在进入草原之前，在途中遇到了胶鬲，他告诉胶鬲，从甲子到殷国。可见，这里就是“商郊”之地。商邑，即“郊”地区，也就是包括牧野在内的商朝首都。“商郊”是一个地域的名称，它是指王畿以外的辽阔的郊野，包含很多城市。

牧野，是一个区域的名称，意思是在草原上。《墨子·明鬼下》和《荀子·儒效篇》中所说的“牧之野”，都是“于牧之野”，可见，“野”就是牧邑附近的一片区域。在古代，城市存在与“野”相对应的“国”与“民”相对应的乡村政治体制，其中“国”即为城邑及周边区域，而“野”则为辽阔的郊区。《逸周书·作雒篇》中有这样的记录：周公在征服东方的时候，建立了一座城池。因此，在殷朝王畿一带，即“方六百里”一带，即所谓“郊甸”。在西周时期，以“王畿千里”为中心，以西周为中心，推动其深入发展。

第四节　西周时期都城格局的演变

在西周都城中，尤其要注意的是东都成周。周公在平息管叔和蔡叔与武庚、东夷的起义之后，就按照武王的意志，在中原建立了一个新的城池，阻止殷贵族造反。这在殷朝建立别都的过程中起到了重大作用。因此，在中国的政史上，有两座城市，以强化中央政权。尽管西周皇帝长期居于宗周镐京，也时常到东都成周主持政事，但事实上，因其所处的地理环境，比宗周更重要。

在西周的金文中，也被称作“成周”或者“新邑”。只有“成周”“王”两个地名，分别是“吉癸未”“明公朝”“成周”“制”“三项”“四项”。“以咸宜之，以示公物于京宫，以乙之物于康宫。”后来，明公以物于王，又以君为君。

从这方面来看，唐兰、陈梦两人都相信“王”就是王城，成周与王城确是两个郡。不过，根据这两个字的背景，我们可以断定，这并不是两个郡。明公在戊戌之前，先用“舍三事令”，后“舍四方令”，第二天甲申，以牛于京宫，日乙酉，以牛于康宫，以牛于王，以明公为君。从内容来判断，京宫与康宫皆为成周的祠堂，明公要在乙酉日以成周的“康”为牲畜，然后以牛于王城，若成周与王城三十余公里，以当时的运输状况，是无法在当天进行“用牲”仪式的。

陈梦家的建议是，西周时期的双城，一座是祠堂，一座是皇宫，一座是王城，一座是祖祠。他还以为京宫和康宫就是王城的宫殿，明公到了“用牲”，就是要举行奠基仪式。王城的宫殿为何要由明公来建造？这根本就是无稽之谈。陈梦家也相信，王城只是在先秦时期的徽语上出现过，后来的金文中没有出现过，就不再叫王城，而是叫“周”。设想在这样的交通状况下，周王要从王都出发，一大早就去三十多公里外的祠堂，这是不现实的。那时，宗庙既是祭祖的地方，重大的政事，如即位、聘、命等都要在此举办，家族的仪式也要在此进行，颇有礼殿的风范。所以，祠堂一定要建在离皇宫很近的地方，所有的城市（甚至连别都），也要有一座祠堂。哪怕在战国时期，也是一样。所谓宗庙分造于两郡，实属不实。

王城遗址至今仍留有唐朝的遗存。王城故城，位于今苑西北方。神都苑，便是“苑内”。神都苑位于皇宫东侧，靠近莽山北麓。王城位于园子的东北角，王城应该在洛阳城的西北方向，离莽山很近。如今，王城的遗迹被发现，位置和河南县一样，但面积却要大得多，呈长方形，南北方向都要宽一些，只有北边的城墙还算完整，长达 2890 多米，位于溪流的入口。

成周之国境，当在澳水边，位于王都东部。周公为建造“成周”，首先以涧水东、澳水西为吉兆，再以河东为吉兆。从涧水东至邙水以东，都是成周城的全部建设区域。王城位于涧水东，所以，它一定会像唐朝洛阳城那样，横贯湟水，只不过，成周时期，成周的大郭位于北方，位于洛水之北，而洛阳城则位于南方，与之平行。

经多年的考古挖掘，在瀍河东、西、南至洛阳老城（金朝之后的古城），出土了大量的西周墓葬及遗迹。在这里，已经发现了五六百个西周古墓，以北窑庞家沟的坟墓数量最多，目前共发掘了 367 个，出土了大量的西周青铜器，上面写着王赐、大保讲、康伯、伯懋父、毛伯和丰伯，这些都是王陵、大保讲、康伯、毛伯、丰伯等人的坟墓。此外，在墓葬南部还发现了一处占地 20 万平方米的早期青铜铸造遗迹，其中还出土了一尊大口径 1.8 米的铜鼎、生产工具和瓦片。西周、春秋时期的古代城市，比如，曲阜、临淄、新郑、都有一些王公的坟墓，位于城市附近。同时，陶铸的遗迹也多在城墙之内。想必成周也是如此。所以，从洛阳的考古发现来看，成周国的大郭当是在渭河两侧，位于唐朝洛阳城的北部，靠近莽山。在洛阳东郊摆驾路口、下瑶村西区和东大寺一带，1952 年发掘了殷遗民的坟墓。同时，在北窑王墓中发现的早期陶俑，除了在陶瓷上体现了对早期周陶的传承外，在陵寝中没有腰部和狗骨。洛阳出土的两种类型的坟墓与鲁国曲阜古城出土的墓大体一致。

周公提出的东都的成周格局，采取了西方的小型“城”与东部的“郭”字组合，在战国时期，中原诸王的首都尤其是战国时期齐、魏、韩、赵、秦等国家的都城发生了巨大变化，并直接影响了长安的格局，这一点非常重要。

第五节 鲁国都城曲阜“坐西朝东”格局

（一）浅析鲁国的都城格局

在现有的周朝王都遗址中，只有在曲阜鲁国故城才能证实其为西周时期。从这里可以看出，各诸侯国的首都格局。

鲁国故城的总体形状为矩形，最宽为 3.7 千米，最长为 2.7 千米，面积为 10 平方千米。西北两侧以洙水护堤，东南方有护城河与洙水河相连。在东门南门、东门西北、东门三个方向的发掘中，均有三个早期多层的墙体。在西周晚期，在西南、北两段的东段为西周晚期，在南面东面的较早部分为西周前期，这表明该段的修建时间为西周前期，在西周晚期进行了改建和修复，到春秋时期，其地理位置并未发生变化。

从曲阜故城的大门和主干道的布置上，可以看出，它的中心是东西，也就是南北方向。

有 11 个城门，东、西、北 3 个，南 2 个。北方的大门比较密集，间隔也比较短，大约有 1000 米。贯穿整座城市的道路大多位于北区，呈东西走向，一共有 3 条：1 街自西城墙北门通往北城墙东侧；2 街自西城墙中门起至东城墙北墙，西侧宽度为 8~9 米，东侧、北侧城门拓宽至 14 米；3 街由西城墙南边穿过宫殿区的南边，通往东城墙的中城门，西侧为 10 米，东侧为 13~15 米。这条主干道呈东西走向，而东边的道路却变得更宽阔，这意味着，原本的入口应该在东边。除此之外，还有两条东西走向的街道，都是专门用来通往居民楼的。4 街宽度为 8 米，由东城墙北延至西北方宫殿区（今周公神庙）。5 街也有 8 米宽，从东边的南边围墙往西通往邻近的居民点

（现在的古城村）。

市区南北两条主干道，仅6条横穿通城西侧，由北城墙西边至南通至南城墙西门，宽度仅为6~7米。7街宽6米，仅与南北方向1街和2街的中门交叉。南北两条街道仅通往中央宫殿区，8街宽12米，穿过1街和2街东西大街进入宫殿区；9街宽15米，由东大门南面至宫殿区，与3街东西大街交叉。然而，这几条道路都是在秦汉时期开始修建的，9条大街两边都有一些年代久远的巨型夯土遗迹。

故城仅有南北城墙南北两个大门，南北两边各有一个夯土地基，均为大门之基。西门遗址规模较大（东西分别为19米、16米），为汉朝时期的建筑物；东广基遗址面积更大（东、西、南、北、高各一），大门正对着中央东北方向的宫殿区，有9条街。这是鲁僖公时期修建的。沂水南边，离此城大门1735米处，有一个供雨的祭品，也就是俗称的“大雩”。鲁僖公将此城扩大，以求“大雩”。9街应该在同一时间进行扩大。

从考古发掘的情况来看，鲁故城的历史年代早于东部和南部。在宫殿区北部、今盛果寺附近，是该地区最大的居民聚落区域，其西侧文化的积淀厚度超过2米，共有6个不同的文化层次，从西周早期至汉朝。鲁城西北方向，今苹果林以西生活遗迹，其上部为战国时期，下部为西周时期。在西城墙南面，有三条街东经的“斗鸡”遗址，其文化的聚落也从西周早期延续至汉朝。鲁城里，还有北方、西北一带的手工作坊。盛果寺铸铜遗迹从西周时期起，一直到春秋战国时期。西北地区的药园地区的铜矿遗迹为西周晚期。目前在药园以北、泉厂一带的陶器遗迹，为早期的商代。在今天的周公神庙宫殿区，东西长1000米，有大型的宫殿遗迹，前面为汉朝，后面为战国时期，由于没有进行过大量的挖掘，所以不能确定西周皇宫的位置。

总体来说，西周时期的居民集中在城的西部和中部北部，而手工作坊则集中在西部和中部，到了西周后期，则向东北延伸，而在整个城区的南边，并未见到任何文化聚落。原来这座城市是从东西走向东方的，生活区和手工业都在西部和中部。到了春秋前期，“大雩”被打通，从宫殿区至东城墙的道路被打通，并且扩大了这个大门。“坐西朝东”的布局，与东都城周的布局一模一样，只不过鲁国并没有把大郭与“城”连接起来，或许是因为鲁国是诸侯之地，不能按照礼仪来行事。

（二）两种类型的曲阜王陵与王都的分布

鲁国故城中，大部分坟墓都集中在西边的三分之一区域，东部地区没有墓园。这里的墓室分为两种，墓室、礼仪和陪葬物各不相同，显然是两个部落。①故城西北地区的药园墓葬群，均为西周中叶、中叶晚期的小型墓葬；②位于西城墙南城门附近的“斗鸡台陵”，其自西周初期至春秋战国；③故城西南，即今县城东西北之地，皆为春秋时期之墓；④ 1949 年之前，在西南地区的孔家庄后花园里，出土了一座较早的西周墓葬，位于中心偏东北方向的望父台，主要分布着大型和微型墓葬，小型墓葬以西周为主，大型墓葬为战国时期。

两个不同的墓群具有不同的特征。第二批西周墓葬，墓葬形制较为狭窄，其宽不到二分之一，有些仅为其三分之一。死者头部朝北方，无腰部及葬犬。陪葬品通常仅为鬲、瓮，大部分为一种，而瓮则为两种或更多。陶俑是青铜器的形态，没有陶罐、豆、钵等陶器。在其他 9 座墓葬中发现青铜器，五代仅有一鼎；一座坟有鼎，二簋，盘，藏；有鼎，有荡，有盘，有画，有壶；有三尊鼎，两尊鼎，两幅画，一篮，一甑，一壶。其中两个墓葬中，都有青铜器，分别是鲁伯念、鲁仲齐，而鲁仲齐则是一名官员，应该是鲁国宗室的一员。这种青铜鼎，应该是周的姬家的人。

甲组的西周墓葬，宽在二分之一以上，头部朝南，墓葬中有腰部和葬犬。与其他类型的墓葬相结合，如袋足鬲、圈足簋、豆荚，以及罐、盂、鼎等，往往是以偶数型的形式出现。甲组的春秋墓葬中，大部分头部也是朝南方的，腰坑和葬犬的习俗已经不复存在。通过与周边地区生活地区的陶罐对比，发现陶鬲和陶豆在形态上几乎完全一致，由此可以看出，甲群墓中的大部分人是生活在京城的“国人”。

自西周初期以来，鲁国一直推行与“野”相克的乡村政治体制，形成了一种“三郊三遂”的局面。鲁国的军队是以周的士大夫为核心，由“国人”组成的“三郊”部队。鲁国“国人”多为“殷民六族”，即《左传·定公四年》。一共三十个姓氏，每一个姓氏都有一个“郊”，被称为三个“郊”。鲁僖公在春秋前期曾有过“公车千乘”(《诗·鲁颂》)、“公徒三万”。若齐桓公时代的齐国，从“国人”中挑选一名参军，那么三十万名“国人”中的“公徒三万”。当时，鲁“三郊”共有三万户，“郊”为万户。当然，在鲁国，“国人”在西周前期是相对较少的。笔者以为，目前发掘的这一批古墓，即“三郊”“国人”，即“殷民六族”的后代，其使用的陶器与周代相比，更像是殷墟时期的陶埙。

鲁国的首都里，的确存在两个不同的礼仪团体，一个是周朝的“王公”，另一个是“殷民”的后代，一直延续至战国末期。由于鲁公与三桓都是周的王侯，他们要在周社联立，“国人”本来就是“殷民”的后代，所以要在这个地方建立联盟。亳是殷的诞生地，也是汤国的首都，所以殷民的庙宇叫作亳社。由于周人与殷人的关系，又有各自的祭坛，葬礼自然也就不一样了，这就是为什么鲁国故城中会有两种不同的礼仪。目前出土的甲、乙墓，战国时期的材料并不完整，一号墓仅为春秋战国时期，乙墓仅为战国时期，而从甲墓中出土的春秋末期墓与乙组战国早期墓相比，则有明显的差异。甲组的陶罐，以簋、盖豆、华盖壶等为主要工具，均有盖子；而乙组的陶罐，以釜、罐、壶为主，无圈足、无盖，壶为罐，与甲组的华盖壶截然不同。表明两族之间的差异习俗一直延续至春秋末战国初期，并未融为一体。正因如此，阳虎才会将自己的势力，投靠于周社，投靠亳社。

根据我们所处的方位，第一批坟场位于药圃、斗鸡台、县城西北角，均在西面围墙附近；乙组的“望父台”，位于西北区，距离中央区域更近。

看起来，那个时候，两个部落的聚居地与墓葬区相邻，周的贵族大多生活在城市的中部偏北，而那些“国人”的后代，则生活在“三郊”附近。

从鲁国故城出土的两座墓园中可以看出，尽管这里并没有一个小型“城”与一个大“郭”字的组合，但在一座大城市中，却存在周世家与“国人”的聚居点以及陵寝，这与那时的“乡遂”体制有密切关系。

第六节　战国时期的都城

（一）临淄，齐国的都城

据初步研究，目前山东淄博的临淄、郑国、韩国首都新郑（现在河南新郑）、晋国首都新田（山西侯马）、魏首都城安邑（山西夏县）、赵国首都邯郸（河北邯郸）、楚国首都（湖北江陵）、秦国首都（陕西凤翔），其中除郢、雍以外，其余均属中原。中原的城市格局具有相同的特征，即东西“城”与“郭”的组合。根据我们的推论，这个格局是从周朝早期的东都周开始的，我们之前也提到过。到了春秋时期，很多强大的国家都诞生了，再加上各国之间的竞争，形成了一个新的王国，所以这个城市的格局就被采纳了。

据史料记载，吕尚在西周之初就被册封于齐，建立了自己的都城。至周夷王（公元前 887~ 公元前 858 年），齐胡公迁都至山东博兴东南（《史记 · 齐世家》），齐献公迁都于临淄。不过批评家们有的说临淄就在这里，有的说这里就是另外一个地方，这就不得而知了。

临淄故城位于临淄以东，西依淄水（今名“泥河”），是以西南的一个小小的“城”与一个“郭”字组成的。四周都是护墙。小镇为矩形，东北延伸至大郭的西南方，南北相连。该省东面城墙全长 2195 米，西侧城墙

2274 米，蜿蜒多弯曲；南北两面城墙分别为 1404 米和 1402 米。北壁为一条不规则的矩形，全长 3316 米，西侧由于水系的原因而弯曲；东侧城墙全长 5209 米，由于淄河的原因，有多个转折；西侧城墙全长 2812 米，南侧与北部城墙相连；它的南面城墙全长 2821 米，它的西头和它的东边的城墙相连。

这座城市位于大郭西城的西南方，从它的大门和街道分布来判断，它是由西向东而建，以东门和北门为主要门户，其中以东门最为突出。这个小镇有 5 个城门，东、西、北三个方向有一个城门，两个在南。它的中东和北两个城门都是通往大郭的门户，都有城楼，东门的城楼更突出。东门在东墙的正北方，有十四丈宽，大门的两边都有一个很突出的部分，应该是以前的大门。北城门位于北城墙的中央，大门宽为 10 余丈，入口两边微微隆起，原本应该是一座城楼。大门外侧有一座夯基础，连接着城门，应该是防御工事。这座城市的东西两面城墙都是护城河，城墙的护城河宽 25 米，护城河从东西两个方向经过一个转弯，就变成了一座桥。北城墙东大门宽为 8.2 米，西门大门宽为 13.7 米。西城的城门在南面，大门宽为 20.5 米，有一个夯地基，连接着城墙，用于防御。

这座宫基位于小镇北方的西部，围绕着“桓公塔”。小镇的主要道路都围绕着宫殿区。从北到南，穿过宫殿区，与由西至东的西门大街（17 米）相连。东门大道由东至西（已经毁坏），与宫殿区相连，与由南至北的东门大街（8 米）连接。

大郭有 8 个城池。南侧的一道西边的围墙（11 米）；北城城东大门（17 米），西门 13 米；此外，还有东城门（11 米）和西门（13 米）；东门有北、中、南三门，均为淄水所毁，北、中两门仍有遗址。东西两条主干道，南北两条主干道，在河崖头村和阚家寨村附近的韩信岭高原上纵横交错，这表明这里是大郭村最繁荣的地区，也是最有价值的地区之一。根据史料，临淄在春秋时期就有 6 条大道，称为庄，也有人说，它是在北门之内，在内殿的正北方。到了春秋时期，庄和岳地区极为繁华。在西汉初期，这里还是非常繁荣的。

从近期的考古学研究来看，临淄的大郭年代比小镇更晚。从大郭的西南方和小镇的交汇点上，我们可以看到，大郭原本呈长方形，只是因为城市建设的缘故，才会少一个角，而大郭的西边，则是一条百余米的痕迹，一直延伸到了小镇的内部。与此同时，在大郭的东北方向，考古学家还发现了一个祭祀用的墓葬。在城墙上筑城，打地基，这应当是古代的一种礼仪。大郭东北地区的河崖头村也发现了西周和春秋时期的墓葬，出土了一具“中”字形的春秋时期王陵，陵寝已经失窃，但周围有一圈巨大的战马坑，共有 600 多匹战马。根据考古发现的古代先秦城市遗址，可以看出，早期王公的陵寝多集中在住宅楼的周围。所以，这里应该就是当年齐王居住的地方。齐国第一座都城临淄，当时仅建一座大型城市，但仍沿袭殷商礼仪，建于城东东北，故大城东北地区的文化积淀最为深厚。在大城西侧，有一条南北走向的河流，一直延伸到小镇的东北方向。河流西侧的地形比较低洼，浅层的文明聚落，并非古代人类的主要生活区域。现在学术界认为，东北韩信岭高原即齐城营丘，只是猜测，需要进一步的考古学研究才能证实。

根据考古学研究，临淄城的建筑年代可以追溯到西周时期，而城镇的建造年代为春秋时期。到了春秋时期，随着社会和经济的发展，这里已经成为一个非常繁荣的城市。春秋战国有七万人，到了西汉初期，已发展到了 10 万人，达到了鼎盛期。根据考察，该地区的手工艺人大多集中于东北地区和南方的小城镇。东北地区的冶炼铜矿为春秋早期，同时出现了大量的战国时期冶炼遗迹。城西的石佛堂区也有大量的大型战国冶炼遗迹。在小镇的南方，有青铜冶炼和铸钱的地方，始于春秋时期。

（二）新郑郑韩都

西周末年，郑国由陕西华县东边的原封地迁往洛水边，郑武公在战国初期兼并了东虢、新郑，在河南新郑建立了自己的首都。韩哀侯于战国前期（公元前 376~ 公元前 375 年）在阳翟（今河南禹州市）将郑朝迁往新郑。因此，新郑成为郑、韩两个国家的首都。

新郑故城，西临渭水（今称双江），东南临黄河，地处两江交汇处，呈现出一种不规则的正方形，东西为 5000 多公里，南北为 4500 多公里。中部为南北分隔，全长 4300 多米，分为东西“城”与“郭”。

西“城”在“郭”的东北方向。在中北地区，集中了大量的建筑群，中央为长方形的宫殿城墙，东西宽为 500 多米，南北长 320 米。这是一座宫阙。在皇宫北方，是一个王公的住所，在西北方向，有一个巨大的贮藏室。西“城”北城墙中央为北大门，大门内侧为四四方方的建筑物，而在南北两面则为东大门，大门两边均为矩形的建筑物。东“郭”城墙北侧，紧邻裴家的营房，有东城城门，城南为矩形的房屋。这些大门的内部，很有可能是为了防守而建造的。根据现有的考古发现，西部“城”的建造年代比较久远，而东部的“郭”是后期修建的。据史料记载，在战国初期，“郭门”就已存在，在郭门之内，有一条被称为“逵”或者“大逵”的道路，而在这条路上，则被称为“逵市”。然而，此时的“郛”和“郭”却是“依水为城”，利用了洪水、黄水等堤坝形成的，并非四面八方都有一座“郭城”。今古城墙，应为春秋末、战国时期。

新郑故城的格局与临淄故城大致相同，大小城镇均与大郭西部相连，但临淄的城市位于大郭的西南方，新郑的城镇位于大郭的西北部，新郑的大郭比临淄要小得多。然而，西“城”与东“郭”的整体布置，均为东西向东，以东门为大门，而手工艺坊及城区则多集中于此。

东郭地区有冶铜、铸铁、制骨遗址。在小吴楼村东边，有一处规模超过 10 万平方米的春秋时期的青铜冶炼遗迹。在该地区的东北边界，战国时期的地层与春秋时期相邻。在战国时期，出土了熔铜炉、木炭屑、陶范等。陶范主要为凿、铲、锛、凿等工具，其中最常见的就是“泥范”。在春秋时期，还出土了熔铜炉、陶范等文物。东郭西南仓城村以南有一处战国时期的铸造遗迹，占地约 4 万平方米，有残炉、烘范窑、陶范、铁质等，陶范有刀、锄、铲、锛、削、凿、镰、剑、戟、箭杆、带钩等十多种，出土的铁器都是工具。在东郭东北方向的张龙庄以南，也发现了一处战国时期的骨骸遗迹，占地约 7000 平方米。而且，东郭的“逵市”，也是一座城市。东郭地区的手工艺和城市的繁华，应与春秋时期的社会、经济发展有关。

（三）新田，晋国都城

多年以前，山西侯马西北地区，在汾河的东南方，浍河的北部，发掘出一批古代城市。在侯马以西、侯河公路北为白店镇（又名白淀）的历史时期，而牛村、平望、神台、马庄、成王 5 座城市为后期，是晋国的首都新田。平望、牛村、神台三个城市，每一个都有上千公里的长度，大大小小，呈“品”字形相连，构成了这一片古老的城市。在这三个城市的东北部约 1000 米处有马庄古城，在这三个城市的东部还有成王镇，马庄和成王镇的范围比较窄，只有 300~500 米。在晋国的历史上，有很多与宫殿相连的建筑，很有可能是春秋晚期晋国的都城，在战国时期被赵国使用。目前已经公开的文物中，仅有牛村与望城的一段。

牛村古城为一种典型的矩形，南北长 1340~1740 米，东西宽为 1100~1400 米。平望古城东南延伸至牛村西北角，这使牛村的西北方向呈 90°，东西两面城墙有 300 多米。平望古城也呈矩形，东北方向有一块突出的区域，比牛村古城要大一些。

牛村、平望都是宫城，里面有很多宫殿遗迹。牛村古城王宫遗迹位于城北中心，为四四方方，南北宽为 52 米，高为 6.5 米。平望古都位于平望村以北 1200 米处，其整体高度为 8.5 米。台基分为三层，第一层为四四方方，每层 75 米，南侧边缘中央为一块长方形的夯土平台，其宽为 30 余米，中间为一条 6 米宽的泥道；第二层距地表 4 米左右，中部为斜坡；第三层在二级段的北部，其长为 35 米，宽为 45 米。

牛村的东南方有铜、陶、骨作坊。在西南2500米处有一个宣誓的地方。正东3000米，南边50米处，是一片有规律的兽坑，第二个或第四个坑为一组，里面的动物以马为主，羊羔不多，牛也不多，还有玉璧、玉璜等玉石，应该是晋国用来祭祀的祭品。在这座古城的东南方2~3千米，似乎是一个“郭”字地区，郭城的遗迹迄今尚未被发掘。

（四）秦国的都城——雍州

在春秋时代，秦国的都城是雍州。秦德公元年（公元前677年）迁都至平阳（现在陕西宝鸡市陈仓区），至秦献公二年（公元前383年），由雍迁往陕西富平。秦国在雍城建国至今已超过280年。从那以后，秦国虽建立了新都，但并没有荒废这座久违的都城，皇宫和祠堂照常开放，一些重要的仪式，也要在祖庙中举办。一直延续至秦始皇时代。根据秦国的规矩，22岁的时候，皇帝要在祖庙里举办“冠礼”，然后由他来主持政事。《史记·秦始皇本纪》记载，秦始皇九年（公元前238年），正年22，于四月份入蕲年宫，于“王冠佩剑”。《括地志》记载，蕲年宫位于岐州城西的故城。“冠礼”是秦始皇在雍城举办的，“冠礼”是在祖庙举办的，而秦国的祖庙就设在了古都雍城。所以，在修建新的皇宫和祠堂之前，这座古都在秦朝皇帝眼中是非常重要的。

咸阳王府位于陕西凤翔南部，位于雍河以南，整体为四四方方，东西宽3300米，南长3200米。只剩下一片废墟。通过钻孔，已发掘出大部分城墙和东、南、北城墙。西城墙由西北方向偏东，南墙沿着雍水边修建，略显迂回。在西城城墙上，有一个大约10米的城门。

雍王府的主体和祠堂，均位于城市中心的东南方向。今马家庄3楼，占地面积很广，一共5个院子，是现存最完善的先秦皇宫的格局，包括内朝和外朝和卧室。该建筑物由南至北分为5个庭院，总长为326.5米，北侧宽86米，南侧宽59.5米，占地21849平方米。每个院子的南面都有一道大门，里面有一个院子。第一院子前面25米，有一堵泥板做屏障。前面的3

个院子，东西宽 60 多米，一号院子和二号院子都有 50 多米长，占地 3000 多平方米。第一院子里没有任何建筑，而是一个巨大的庭院，应该是“外朝”的地方。在第二院子正北方，各有一栋长 16 米、东西宽 12.5 米的楼，每一栋楼都有 200 平方米，是东边和西厢，大臣们在这里处理公务或者开会。第三大院的南北延伸至 82.5 米，占地 5000 平方米，中央长 17 米，东西宽 32~34 米，是当时的“内朝”朝会。第四大院，东西宽 70 米，南北长 51 米，占地 3570 平方米。第五院子，东西宽 86 米，南北长 65 米，占地 5590 平方米，是 5 个院子里最大的一个。庭院中央偏北处和前面两边，分别矗立着一幢“品”字形的房屋，它们都是一样的尺寸，占地 374 平方米；正门南侧为长方形，东西长 35.85 米，宽 7.5 米，占地 269 平方米，是陵墓的所在地。

在王宫旧址东侧 500 米，还坐落着马家庄 1 栋楼，也是现存最完好的先秦祠堂。祖庙位于北方，昭庙位于东部，穆庙位于西侧，位于中部，呈“品”字形分布。祖庙坐北向南，昭殿坐东向西，穆庙由西向东，均面向中央的天井。三座神殿整体结构基本一致，均为“凹”形，总宽 20.8 米，高 13.9 米。“庙堂”位于“凹”字的前面，后面依次是“寝宫”。南中正门两侧各有一座楼，南面却是一座破败的庙宇。在这里，有 181 处祭祀用的祭坛，包括 86 座牛穴、55 座羊穴、1 座牛羊墓穴、8 座人墓、1 座人羊墓、28 座空墓、2 座车墓。

在马家庄王宫遗迹西侧 600 多米的姚家岗王宫遗迹中，曾经出土过战国初期的青铜结构，在邻近地区还发现了一座巨大的方窖和一条南北向下的排水管道，考古学家认为这是《诗 · 豳风 · 七月》中所说的“凌阴”。

秦都的雍城，就是以西南方为王公和王公的聚集地。不仅皇宫和祠堂建在城市的西南部，就连陵寝也在西南方向。在古城西南，雍水南边，高庄、东村和八旗屯等地，考古专家发现了大量的秦国小型墓葬；在八旗屯西南的南指挥镇、西村以南、秦王的陵地里，已经发掘出 13 个“秦公陵园”，这些墓穴都在西南方。由此可见，雍城的布置与中原诸国的城池是一样的。

（五）邯郸，赵国的都城

邯郸是战国时期的魏国，后来是晋国的天下。赵敬侯元年（公元前 386 年），由河南鹤壁迁往邯郸，使邯郸在很久以前就是赵国的首都。

赵国邯郸故城的皇宫与晋国的新田一般，是由数座城市连接而成。这是一座名为“赵王城”的城市。三座宫殿相连，形成一个“品”字的形状。西城接近四四方方，各面约 1400 米。位于城市中心偏南的一座殿宇楼阁，今天称为“龙台”，它的东、西、西各 265 米、南 285 米、东边最高处 19 米。东城连接着西城，东城的城墙就是西城的城墙。它的南北长约为 1400 米，东西长 935 米。在西侧，紧邻着城墙，是两个位于南面的楼台。北城连接着西城和东城，北城的城墙就是东城的城墙，西城的城墙则是西城的城墙。整个城市呈现出一个不规则的矩形，东城墙中间有一个凹的部分，东城墙宽为 1326 米，而在南边的长度为 1557 米。在西边，有一座大楼。

西城与赵王城东城早已为世人所熟知，而北城则在 1965 年被发掘。在赵王城的“品”字形东北部，有一块面积稍大的“郭”，“郭”是一个不规则的矩形，除了极小的一块露出地表之外，其余地方都被掩埋在土里。东西宽 3000 多米，南北长 4800 米，深为 7~8 米。战国文化层普遍存在于大郭中，战国文化层厚度较高，最大厚度达 2 米。大郭的历史，要远远超过赵王城。位于邯郸市中华路以西的“丛台”，高 26 米。此丛台本是春秋时期建造的，到了西汉初期，已是赵皇宫中的娱乐场所。1963 年 8 月邯郸暴雨，南坡崩塌，横剖面可见，其土体分为内、外两个部分，内一圈为夯土，每一层厚 8~12 厘米，有一个小的圆形夯坑，与邯郸春秋时期一样。从夯土中发现的大量战国陶器和砖块，可以看出，该墓是赵国春秋时期的建筑，应该是早期王府的所在地。

赵国首都邯郸的格局与临淄的齐国首都差不多，宫城位于大郭的西南方，只不过这座城市有三座“品”字形的城市，并没有与大郭相连。

（六）魏城安邑，北齐

安邑原是晋国卿魏氏的封地，晋悼公的副手魏绛，迁往安邑。三族分晋后（公元前453年），安邑为魏国国都，魏文侯（公元前445~公元前396年）、魏武侯（公元前395~公元前375年）都在此建立了王都。武侯二年（公元前394年），筑安邑城。魏惠王九年（公元前361年），由安邑迁往今天河南开封的大梁。

安邑故城位于今天称为禹王城的山西夏县东北7公里处。城市遗址分大城、中城、小城和禹王殿四个区域。中城位于大城的西南方向。这座小镇位于大城的中心位置，位于市中心的东北方向。禹王庙位于县城东南方向，是一座以古代台基为基础的现代建筑群。

安邑故城，山西省文物委员会和中国科学院考古所都曾派出过一批人，但由于没有进行过细致的挖掘，三座城市之间的联系并不清晰。山西省文保工作委员会的意见是，大城应属魏都，中城应属河东，而安邑则属秦、汉时期。他们猜测，中城应该是河东的，因为这里到处是汉朝的文明，战国时期的文物比汉朝要少得多。由于中、北面的夯土砖中还包含一些春秋时期的砖瓦，中城应该是春秋时期的。古城中充斥着汉朝的文化层次，这是由于春秋后期，随着时间的推移，汉朝蓬勃发展。中城是西“城”，临淄和新郑，大城是“郭”，西“城”在“郭”的东南方向。这座城市只有城墙的特性，正如新郑西“城”中的四方城墙，只不过是西部“城”的一块而已。这是一种推测，需要更多考古学研究者来证实。这座大城本来就属于安邑“郭”，这一点毋庸置疑。大城东北方向，有一个叫作郭里村的村子，这是一个很好的证明。

（七）中原城市在春秋时期的分布特征

在春秋时期，中原各国的国都，西“城”与“郭”之间有紧密的联系。周公在建立东都成周时期，就开始了这样的布置。周公建立这样的格局，其目的是让“国人”居住，迁移殷民，驻扎军队，建立一个强大的都城，以此来巩固中原和四国的地位。由于当时的社会体制，采取了“国”与“野”相克的“乡”与“朝”，使“国”（都）的势力得以增加，以加强其在外的防卫与内部的支配。到了战国时期，中原各大强国为巩固自己的势力都采取了这样的策略。到了春秋战国时期，随着社会、经济、政治体制的变化、国家政权的建立，以及各国相继成为君主，这些都是对这个格局的推进。

这样一座小型“城”将大“郭”的格局扩展，是因为政治因素。由于实行中央集权制，皇宫周围要修建一套中央官邸，所以要在这里设立一处专门的地方，方便皇帝和他的幕僚们办公。同时，象征君主权力的最高礼仪制度逐渐得到贯彻。以赵国来为例，在春秋时代，这里修建了一个“大朝”的“信殿”，供其他国家的君主和大臣见面。比如武灵王元年（公元前325年），“梁襄王、韩宣王、太子仓来朝信”，在春天的第一个“大朝”。比如武灵王十九年（公元前307年）“春分，在朝堂上，召肥义商议，五日之后，就会结束。”还有“大朝”在东宫举办，比如武灵王二十七年（公元前299年），五年，在东宫上，为天下之君。王庙见礼，出宫，太医皆为臣子。这意味着，皇帝在继任皇储的时候，是按照“大朝”的规矩来的。“大朝”是一种盛大的仪式，参加朝会的官员和皇亲国戚都要参加。

因为军事上的缘故，要扩大城墙。春秋时期，战乱频发，修建城墙，其中一个重要作用，便是加固防御工事。以城墙作为要塞，这在那个时代是非常有意义的。在战国时期，各个国家都在修建城墙，以备不时之需。这一点从顾栋高的《春秋大事表》卷三八《春秋筑城表》中得到证实。从军事上讲起，士兵们就更加注重防守了。《墨子》中有《备城门》一书，其中就有关于防守的记载。

从这一点可以看出，春秋时期的“三里之城”“七里之郭”，是对战事的总结。

春秋时期，京城“市”的扩张，一方面是因为当时的社会、经济、手工艺、商贸等方面的发展；另一方面是为了满足战争与防御的需求。

春秋时期，随着工贸的发展，“郭”字的用法有了很大改变。在周朝建立东都成周时期，“郭”地区的设立是为了容纳“国人”、迁居殷人、屯兵。春秋时期的乡村社会早已解体，“国人”阶层也出现了分裂，“郭”地区不再是“国人”的聚居区，而是官僚、地主、商人、手工业者的聚居区，城市里的手工业和店铺比较密集。宫内既无“市”，亦无匠人工场，总之，规模不大，多为官员和王公贵族所用。而“郭”城与城内的手工作坊，则与百姓的生产、生活紧密相连。城里店铺很多，已经形成了一定的规模，都是用栅栏和城门来控制的。每日早上和晚上，城门准时打开。熙熙攘攘的市中心，一大早就有不少顾客在等待开门。那时候，一些国家的都城在保留了首都的属性之后，又变成了城市，变成了一个手工业和商业的聚集点。

到了春秋时期，文化和学问发达，又因一些君主广纳贤能，主张传道，京城周围就形成了一片特殊的文化区域。譬如齐国临淄以西的“城”（稷下）就有一座书院，供读书人出入。在春秋时期，文化圈的设立也是首都特色之一。

第七节　楚国都城

（一）楚都郢

春秋之交，楚国从丹阳（现在湖北秭归）迁往了郢都，也就是现在湖北江陵东北十余公里处的“纪南城”。又如楚武王（公元前 740~ 公元前 690 年）迁都郢都（《世本》《左传・桓公二年》《公义》中所引用），武王元年为周平王三十一年。又如楚文王（公元前 689~ 公元前 675 年）始都（《史记·楚世家》，文王元年为周庄王八年）。楚刚徙都至郢而未修成，至楚康王时，使尹子囊（也就是公子真）因为在吴国战争中战败，提议建立郢都。现在的“纪南城”是在春秋末、战国初期进行了数次的扩建和加强。

在整个城市的版图中，南城的面积为矩形，东西宽为4450米，长为3588米。在南面的中央偏东，有一个突出的地方，呈矩形。它占地16平方千米，围墙周长15506米，外围筑有护城河，只有东西南门、北墙和南墙突出的地方没有城防。这座城市有4条古老的河流。有7个门，包括5个陆地门，分别是南、南、东、东、南、南、西；2个是水道的大门，也就是东西的南北两道。

东半城是人口最多的地方。在东南方向，有较多夯土台，以最大的地基为宫殿基座。在东北地区，夯土台也比较多。位于东北、东南二区，龙桥河畔，是制陶、制瓦的手工艺区。西南地区有少量夯土台，以铸造工场为主。西北地区较少见夯土台，已有较多的早期墓群。在城的周围，有很多台址，以供祭祖和防御，城西是人口稠密的住宅区，东边是陶器厂。在这座城市的郊区，到处是大大小小的公墓。在距离城市较远的八岭山脉和北部的季山群中，有许多大坟茔，应该是王陵区。

楚都郢的格局，并未以“城”“郭”为纽带，仅以一座大城市为中心，以东南为中心，而非中原诸国以西域为中心。

（二）别都鄢郢

现在湖北宜城东南方7.5千米处有一座楚王城，是秦朝时期的一座城池。至战国时期，鄢仍然是楚国的都城。由于位于楚的北部，是通往郢城的必经之路，所以那里驻扎了大量军队，是一个非常强大的军营。战国时期，人们常常以鄢郢相称。鄢和郢是楚国的都城，楚国的重臣也被尊称为“鄢郢大夫”。正是由于鄢是楚的别都，又是兵家必争之地，秦昭王二十八年（公元前279年），派出白起对楚发起了大规模的攻击，先是对鄢发起了攻击，以引河（也就是长谷河），将河水从城西引入城东，楚大军伤亡惨重，这是一场决定性的战争。第二年，白起又拿下了楚都。

“楚皇城”就是王陵的所在地。中央和东北部的地形比较平坦。城墙平面为阶梯状，东西城墙蜿蜒不甚规整，全长 2000 多米；西面城墙 1840 米，南北城墙 1080 米，南北城墙 1500 米。在每个方向的墙上都有两个豁口，应该是一个城门。在城垣的夯土堆中，出土了一些从新石器时代到春秋战国的文物（例如，蛋壳陶片、陶纺轮、陶鬲足、筒瓦、板瓦），均未出土秦、汉两朝的文物，这充分说明，该长城的年代最早为战国。这座城市中，大部分都是汉朝的文物，但也有一些是春秋时期的，所以，这些遗迹的历史可以追溯到春秋时期，甚至到了秦汉时期。这与史书中所说的秦始皇为楚，而汉朝的宜都也是吻合的。另外，白起还保留了一条通往城西的水道，在城墙南面，有一个 60 多丈的豁口，据说这是白起用来引水灌溉的地方。

最引人注目的是，四面墙壁都有明显的凸起。除了西北方遭到毁坏，其他三面均保留完好，其中东南方向地势最低，呈一座 5 米左右的椭圆形土墩，当地人称为“观楼子”，是当时城墙上的一座角楼。古代的庙宇也叫“观”。“门”“阙”为高楼，为瞭望者和防御之用。此外，还发现了大量的弩弓及其他武器，其中东城城墙上一次发掘了数百个铜质的箭头。这证明鄢是一个军事重地。

在故城的东北方向，有一座长方形小镇，它的北面是一座大城，东、南、西三面都有围墙，围墙上有一圈木纹瓦片，应该是宜城县的一部分。在这座城市的地表上，还发现了不少汉朝遗迹。很显然，这里和楚家没有任何关系。

（三）下都

下都位于河北易县东南部，是易水与中易水的交界处。此地位于长城的西北角，是燕国的西南重地，是一座军事要塞。

下都是由东、西两座城市连接而成，以一条横穿整个南边的河流将其分隔。东城平面接近四四方方，东西城墙全长 3980 米，而北边的转折多达

4594米，南北两道墙体均残缺不全。在城东北方有一座高高的台基，现在叫武露台，它比地面高11米，是一座宫殿的基础，它的东南方向和西南方向各有一座建筑群。在武露台的正北方，有一堵围墙，应该是宫殿区的防御工事。在武露台北侧200米的间隔间，有一座高3.5米的台基，现在称为观音台；在向南450米的地方，有一座3米高的台基，现在叫张公台；再向北730米处，北城城墙下有一座12米高的台基，故名“老木台”。三座高台，一字排开，分别对应着武露台上的宫殿。在墙体东侧有附属建筑物的基础，剩余高度为4米；东城城墙北面也有一座附楼，其残存高度为3米；北城城墙东侧亦有一座11米高的附属建筑物，即今天的“炼台楼”。这些建筑分别位于东城和北城城墙之间，显然是用来防御驻军的。从燕下都的防御设施来看，燕下都是一座军事要塞。

东城一带，居住的大部分是手工艺人。在武露台的东北方向，有两个大型的铸造遗迹，一个是武器工坊，另一个是制作骨头的地方。东城西侧的中心地带也发现了铸造的遗迹。另外，在武露台南面，还发现了一些武器工场的遗迹。铸造和武器的工坊，都是别都的特色，因为这是一个军事要塞。而居住地则是东城东、中、西南三个区域。东城西北方向，是墓葬区。

西城呈梯形，面积稍小于东城，北部城墙4452米，西侧城墙3717米，南侧仅剩西侧。古城中并无大规模的建筑群，也没有多少人文遗迹，大多是用来加固城墙的附属城墙。

第八节　秦朝都城的格局

（一）咸阳故城

秦孝公（公元前381~公元前338年）任命了秦国的统治者，在秦孝公十三年（公元前349年），将首都迁往咸阳。咸阳故城的历史遗迹位于陕西咸阳东北滩的毛村、窑店一带。咸阳位于渭水之滨，由于渭水向北流淌，故城被洪水冲蚀，现在已找不到它的位置。咸阳是秦国在春秋时期的首都，也是秦朝统一之后的首都。西汉建国之后，长安建立了长安城，位于咸阳故城的南部，与渭水相距不远，这对长安的修建起到了至关重要的作用。

秦都咸阳因遗迹被冲蚀，已不能用考古学手段确定，只能根据相关的文献和考古材料进行发掘。史料记载，秦惠王灭蜀之后，下令张仪等人在成都依咸阳之首都的样式而建造，所以只要弄明白成都故城的形状，便能在咸阳境内布置。

（二）咸阳秦始皇陵的布置

古人之礼，皇陵的格局，应该是效仿京城的。

现对秦始皇陵的整体布置进行了全面研究。在西方，有一个矩形的城市，由内、外两个部分组成，呈“回”字形。它的外城区东西宽974米，南北长2173米。这座坟茔位于城市的南边，位于墓地的西南方向。在这座城市的北部，有一座宫殿和一些辅助的建筑物，也许是负责墓主工作的地方，宿舍是侍从们居住的地方。这座长方形的城市，就是“陵寝”的中心，类似于秦都咸阳以西的一座小型城市。在这个矩形城市的东南方向，有一条南北方向的墓地。在小镇东侧1000多千米的地方，在墓区东侧，有3个陶器墓葬，其中是最大的一个，呈长方形，东西宽210米，南北长62米；2号、3号坑洞的大小要比1号坑洞低一些。2号坑道呈不规则的长方形，最大宽度为90米。3号坑道呈“凹”形，南北宽16.85米。三个土洞里的陶器，构成了一个巨大的车队，正对着东边。墓穴的布置由东向西，所有陶制士兵都是面向东的。另外，在东门大街上的兵马俑坑东侧，也有一座城楼，是墓主的大门，但是至今仍未发现其基本位置。

秦始皇陵西侧的一座矩形城市，与咸阳的西边城市一样，都建立了皇宫；从墓地往东一直延伸至秦始皇墓，与咸阳东边的大郭城差不多。三个陶俑，是咸阳驻防东郭城外的驻防部队。此时因“屯卫咸阳”的特殊需求，大批兵马被调往咸阳，一般情况下，都会有大批驻军驻守。1 号坑陶俑约有 6000 名士兵，在东侧的第一排，全是弩箭手，充当前锋；然后是 38 个纵队，由战车组成，步兵手持长矛，组成了一支军队。在队伍的两边和后方，各有一排箭兵，分别向南、北、西三面射击，以保护后方和左右两边的敌军。这很好地展示了驻防京师的特点。2 号坑由步兵、弓箭手、车弩兵和骑兵组成，也许是驻防军官的随从。3 号坑道是驻扎部队司令和护卫部队的总司令。由此可看出咸阳城内驻军的组成与驻扎。

秦都咸阳宫殿区（城镇），建司马、司马、兵部、驻扎部队。从秦始皇陵的东郭城外发现了一个兵马俑，由此可以推测，在咸阳城东城门，就是一名少校，一名士兵。

（三）咸阳地区秦始皇扩都城的布置

秦始皇在统一六国之后，即在咸阳地区扩展了都城，并大规模兴建新的皇宫。秦朝仿效六国，建于渭水之北，由咸阳、渭水、泾水、渭水交汇之地。汉代高祖长陵墓（今怡魏村），是六朝时期的齐王殿，出土了临淄时期的陶器。自秦始皇建立大一统，咸阳成了大一统的国都，又在咸阳附近修建了更多宫室。秦始皇三十五年（公元前 212 年）着手修建新的皇宫，作为皇宫的核心。在渭南的上林苑中，有一座宫殿，叫作阿房宫。阿房宫位于三桥镇以南，位于陕西西安与咸阳交界处，这表明咸阳是秦始皇建立的首都，虽然修建了大量的宫殿，但它仍然位于咸阳的西南部，整体格局没有任何变化。

秦都咸阳是坐东而西，咸阳是秦始皇所修，又是由东向西建造的。这是中原城市建筑的一种常规方式。西汉首都长安在城东建了一座宫阙，这是咸阳的传统。

第九节　西汉都城长安

（一）“坐西朝东”的长乐殿与未央殿

长安是在西汉时期逐渐建成的。汉高帝时，先是将秦始皇的行宫改造成长乐殿，然后在长乐殿的西侧修建了未央殿，在未央殿的北侧修建了北殿，在长乐殿和未央殿的中间修建了一个军械仓库。直至汉惠帝（公元前211~公元前188年），西城开始修建围墙。汉武帝时期（公元前156~公元前87年），建章殿修建于西城之外，明光宫北设于永乐，北方为桂殿，并扩建为北方。

秦国的兴乐宫位于渭水之南，与咸阳宫相距渭水只有一河之遥，有一座380丈的横桥。兴乐宫方圆二十余公里，历经秦末和汉前期的战争而未损毁，汉高帝将其用作宫廷，后宫中还有前殿等。惠帝之后，兴乐宫更名为长乐宫，长乐宫四面都有门户，唯独东边和西门有一座城楼，这意味着，长乐宫的建筑都是南向的，而这座建筑却是由东西两个方向组成。这应该是因为秦王朝的制度，才导致西汉的制度。

未央殿位于长安宫城的西方，同样是一座占地二十余公里的巨大宫殿。与长安宫一样，东门、北门是主门，而且各有一座。

未央宫虽然朝南，但有朝臣来朝，都是从北宫来的，北门是城门。而东南两个方向，都没有城楼。萧何建立未央皇宫，不喜胜负，岂不是理所当然？

颜师古觉得，北城才是真正的城门，这并不合适，事实上，东城门要远胜于城北，因为城东大门，是迎接各大势力的主城。

始元七年（公元前 80 年）二月，萧何亲自修建了未央宫，修建了东阙、北阙、前殿、武库和太仓，为高帝建立长安作了铺垫。正在此时，高帝从栎阳移都到了长安。这是一座新建成的宫殿，东西两座宫殿分别是未央宫的主楼，前面是一座宫殿，以龙首峰为据点，居高临下。目前，台基遗迹为南北向 340 米，东西 150 米，北部最高 10 米，自南至北有 3 个较大的平台，依次递进。

萧何除了修建前殿、东阙、北阙外，还修建了武器库和太仓，这两个建筑也是王都最重要的宫殿。

武器库造于长乐与未央两殿间，位于安门大街以西，其遗迹现已与史料相符。它呈东西长方形，东西宽 800 多丈，南北长 320 多丈，库内分筑 7 个武器库，东侧有 4 个武器库，西侧有 3 个武器库。武器库是用来存放武器的地方，《汉书·魏相传》中也有专门的武官，隶属于"金吾军"。金吾军负责京城的巡逻和防御，不过发放武器却要有皇上的旨意。这座军火库建在长乐宫和未央宫的中间，方便陛下的掌控。

高帝时，萧何建立首都长安，仅在秦朝的旧城建造了一座长乐殿，在长乐宫的东南方修建了太仓，在长乐宫的西侧修建了未央殿，在长乐殿和未央殿的中间修建了一个军械仓库。如此一来，太仓、长乐宫内的兵工厂、未央宫，便组成了一片大大小小的建筑。虽然所有的主楼都是朝南的，但是，这一片区域都是由西面朝东方的。当时的周边并未修建围墙，但惠帝时期修建了围墙，武帝时期又扩大了皇宫，这些都是在此基础上进行的。武帝修建的建章殿位于西城墙之外，与未央皇宫相同，设有东西两座。

（二）长安城的内部结构

长安城城墙是在汉惠帝时修建的。城市的面积为四四方方，由于受江水的制约，其西北方向由东北至东南弯曲。因为皇宫的缘故，南墙和西墙的中间，都是弯弯曲曲的。现有长城东侧 5940 米、南部 6250 米、西部 4550 米和 5950 米的城墙。

长安城整体格局，是一座内城区，与秦都咸阳之西之“城”，与春秋时期的临淄、韩都新郑、赵都、邯郸等小型“城”相似。因为西汉沿袭了秦时期大量修建大型的皇宫，包括很多大型皇宫的围墙都要扩建，所以长安的规模，比中原和秦王朝的皇宫要大得多，甚至比周朝的东都还要大。

在长安城中，宫室、宗庙和政府机构占据了整个城市的2/3；长乐、未央二宫，与汉朝相距20余公里；中央的桂殿和北殿，围绕着汉朝10公里，除此之外，就是明光殿。建章殿方圆30千米，由于无法在城市中建造，所以在西城之外建造了一座浮空塔，用来与未央宫联系。秦始皇建造的宫室众多，以防止与民众交往，并使其行动隐秘，以“复道”相通。两汉时期亦如此。惠帝在长乐殿和未央殿中间，修建了一条连接两个宫殿的通道，方便他看望太后。不仅在西有通往建章殿的复道，在北方还有通往桂宫的复道。明光宫和长乐宫之间，也是有联系的。从未央起，到连桂宫，从北弥明光到亘长乐，再到凌登道，再到西流，都是从外面来的。长安城的南北两侧遍布着大量宫室，并以空中交通线路将其连接起来。

那个时候，长安城的南方和中央，都是皇宫，还有很多祠堂以及官邸，还有三个衙门和一个仓库。《三辅黄图》中也提到了太上皇庙位于冯翊府以北的香室街。《长安志图》中所绘的高帝庙位于南边城墙东门外。那时候，太上皇和高帝的宫殿都是很大的。宗庙是模仿皇宫的风格，面积很大，四周都是高墙，大门也是朝东方的。三个辅助站都在长安城里，占地面积很大。在清明门处设置了籍田仓，故名“乡田”。

在长安城北方，也有很多隶属于朝廷和三大府的衙门。北城城墙的正门，是著名的厨师，“长安大厨，因其名字而得名”，长安大厨的令、丞，和长安区令、丞一样，都是京兆尹的下属。《汉书·王嘉传》记载，长安御膳房“主为官食”，还提供了许多祭祀用品。在相家巷以东的西北方向，有一个官办的铸造工场，面积超过1平方千米；今相家巷西侧，有一家专门生产兵马俑的工场。相家巷一带也有一座大宅院，“萧将军府”的瓦在今天发掘，应是萧望之的宅邸。宣平门附近的东北部，是高官显贵的聚居地，素有“贵里”之名。

总而言之，庞大的皇宫、宗庙、官署、附属机构，以及达官贵人、诸侯王、诸侯、郡主的邸第，占了长安城的绝大多数，所以长安城的本质就是内城区。

从长安的城门与街巷来判断，整座内城都是由西向东而建。长安共有12道城门。在考古发现中，仅在东西两面的长城上设置了一座城楼。现出土的东墙北门、霸城门、大门两边的墙体均有凸出。正如临淄的齐都东门，本应是一座宫阙。也就是说，长安城的正门，就是东门。

城市里一共有8条街道。南北两条主干道，以安门大街为最，全长5500多米，自南城墙中门（安门）一路向北，横贯多数宫殿区，与宣平门大街相通。东西两条大街，以宣平门大街最长，全长3800多米，从宣平门往西，一直到北城墙的中门（厨城门），再到洛城门大街，安门大街和厨城门大街，是城东最重要的一条主干道。这是通往长安的必经之路。洛城门是长安城八条街道中最短的一条，全长85米，其他几条都有3300多千米。八条街道虽然长短不一，但每一条街道的宽度都有45米。长安各有3扇大门，每扇大门都有8米多宽，除了两边的柱子外，一共有6丈的宽度。与之对应的是，在每个主要街道的中央，都有一条90厘米宽的沟渠，将主干道分成3条平行车道，中央一条大约20米，是皇帝专用的“驰道”，其余两条长约12米，以方便官员和百姓往来。

在城市的北方和东北的“郭”地区，都有通往城市的道路。从东城墙北（宣平门）往东，有霸桥，横穿运河和霸水河，通往广袤的霸水东部，是通往东面的重要通道。从北城墙西门（正门）往北走，穿过横桥大街，跨过渭水上的横桥，就能到达渭水北部的广阔区域。除宣平门和横门是进出的主要通道之外，洛城门（东门）、厨城门（北门）、雍门（北门）也是进出的大门。至于其余的大门，则是通往宫殿区的大门，平时很少有人进入。安门大道虽然是一条南北方向的街道，但由于穿过宫殿区，并不是通往城市的主干道。想要从其他地方进未央宫，一般都会从玄平门和横门进城，然后从横门大街往北，穿过未央宫的北边，再穿过安门大街，继续往前走。

第十节　东汉北魏时期的“城”与“郭”

（一）洛阳城东汉时期的城址特征与南北格局

洛阳是汉代的首都，也就是现在河南洛阳以西 15 千米处的故城。传统上，人们普遍相信，汉代和魏晋故城原来是周朝的东都，并不完全是真的。这座城池原本是周朝分裂后的一个小王国。苏秦便是洛阳的乘玄人。洛阳原先是一个繁华的商贸之都，人烟稠密，到了春秋末期，被秦军占领后，河南（现在洛阳市）、洛阳都是吕不韦的天下。

洛阳故城是一个长方形的城市，它的长度大约是现在的“九六城”，它从南到北大约长 9000 米，从东到西大约 6000 米。南城城墙被洛洪水冲塌，西侧城墙 4290 米，北侧城墙 3700 米，东西 3895 米，加上南侧城墙 13000 米，共 331 千米，与历史资料大致相符。这座城市的面积大约是 9.5 平方千米。

洛阳有南宫、北殿，汉高帝在泗水之阳建立之后，在洛阳南宫建了一座“南宫”，这是《史记·高祖本纪》所记载的。东汉光武帝（公元前 5~55 年），在南宫地建立了洛阳。光武帝建武十四年（公元 38 年），立南宫为前堂。南宫的正门，就是崇德堂。魏明帝于公元 227~239 年将太极殿建于崇德殿所在地。根据《元河南志》，大殿位于南宫正北，而崇德殿就在正殿的后面，前面是章台门。

汉明帝时期，北宫重建。德阳宫是北宫正厅。德阳殿东西宽 37.4 米，南北 7 丈，比阿房宫和西汉未央宫的前殿要小得多，而德阳殿的“庭”却很大，足有阿房宫那么大。宫殿的主楼高达 2 米，前面有 5 座朱雀楼，直插云霄，相隔 40 多米，气势恢宏。

洛阳在汉代的格局与长安明显有很大区别。长安的宫内以长乐、未央两大宫殿为主，东城为南北两侧，东城为主城。洛阳的主殿有南宫和北宫，南北两个方向，其中南门是主城。长安城东南方向的长安宫内，以太后府为主，长安城西南方向的未央宫是皇宫的核心，每年的朝会都会在这里进行。洛阳的北宫里有永安宫，不过北宫和南宫都是朝堂，所以新年的时候，一般都会在德阳宫里度过。

西汉的礼仪制度，到未央皇宫赴会，必须从东阙入内，要到北宫觐。负责接待和召会的“公车司马”也在北宫。而按照东汉的规矩，要从南城门进去，要去南宫拜见。这种制度的改变，使整个城市的格局都发生了翻天覆地的变化，从这里开始，南大门是主门，而在南方，则是主门。而北方的两个城门也就不那么重要了，厦门（西门，北城墙）是人们送葬的必经之路，谷门（北城墙的东门）也是把犯人从城里运出去处决的场所。

因为洛阳城坐落南方，储存粮草和武器的仓库都建在北宫东北方向的东北角。太仓位于狄泉河以北，与杨水河相连，便于运输。

虽然洛阳和长安的格局有些区别，但是城市的本质并没有发生变化，洛阳城依旧是一座城市。南宫和北殿的占地极广，占据了整座城市的中心，北宫的北边和南宫的南边，都紧邻着南边的围墙，与南边的平城大门相连。所有宫殿、仓库、官府，就像长安一般，密密麻麻。据《洛阳记》记载，洛阳城有 299 座宫殿、台观、府库、寺舍。

（二）洛阳城内部的城市特征与“南向”格局

洛阳城自西汉之后，历经数次战争破坏，又数次被修复。在洛阳于东汉末期被摧毁之后，魏曹丕于公元 220~226 年建都时，对原来的建筑进行了修缮和扩大。魏明帝于公元前227~239年，以南宫的崇德殿为基址，修建了太极殿堂。还在城西北角修建了一座城池。这座城市，就像一座防御要塞。洛阳虽经重建，但总体上仍沿用了以前的格局，并无太多改变。

洛阳于西晋末期被摧毁，一直到孝文帝（公元471~499年）由平城迁往洛阳，才在遗址上重建，改变了原来的城市格局。取消了南宫，在原有北宫的基础上，修建了一座宫殿，坐落在城市的正北方，稍稍向东。城墙为矩形，南北长1398米，东西宽600米，占地1平方千米，是城市的十分之一。在东城城墙北（建春门）至西城城墙北（开合门）之间，有一条东西走向的主干道，贯穿了整个城市，贯穿了宫墙东、西门，把整个宫殿一分为二。南边是朝会的地方，北边是皇宫。太极殿是每日议事之地。据测量，该殿的地基呈矩形，东、西各100余米，南60余米，基座比地表高4米。在皇宫西侧，在直通太极殿的北方，有一扇大门。据测量，该大门的豁口宽为46米，是洛阳城内最大的一道城门。由开合门往南至南城城墙的玄阳门，有一条41~42米的南北大道，名为铜驼街，是全城的南北朝中心。原来，在北宫后门的南北门外，有一对铜骆驼，因此叫作铜驼街。铜驼街，从南宫到玄阳城，一直延伸到后宫南边。

根据《洛阳伽蓝记》卷一记载，沿御道（即铜驼街），在原先南宫遗址的基础上，修建了一套中央公所。道东为左卫将军府、司徒府、国子学、宗正寺、太庙、护军府、右卫府、右卫将军府、太尉府、将军府、九级府、太社、凌阴里。凌阴里，是东汉时期南宫迁台地的所在地。

在宫南大道两边修建了一座中心衙门，与东汉时期在南宫东南修建一座中枢衙门更加合情合理。曹操是魏王，在东汉末期建立了自己的国都，位于今天河北临漳的邺镇以东。邺城东7千米，南5千米，中间有东、西两条道路，将这座城市分为南北两部分。北边的中央是宫殿，东侧是王公居住的地方，西侧是皇家铜雀苑，还有铜雀苑西侧的西面围墙下的白藏库、武库、乘黄厩（马厩）。宫室分东、西两边，西边是文昌殿，东边是听政厅，也就是朝堂。文昌宫的大门叫“端宫”，而司马宫的大门则是“听政堂”。司马门内室设有一套内廷衙署，如御史台、郎中衙署、内医署等；在司马门外的大街上，还有许多其他官员，比如相国府、御史大夫府、奉常寺、大农寺等。在东掖门的东大街南面，还有一座名为“中尉寺”的寺庙在邺都，以司马门为中心，建立了一座以司马府为主的地方，是为北魏所仿效的。

洛阳的格局之所以如此井然有序，是因为它吸收了中原各大城市的长处。北魏的王公是拓跋氏，原本的社会、文化都相对落后。拓跋珪（公元371~409年）于天兴元年（公元398年），迁往平城（现在山西大同东北部），当时尚无城墙，8年之后，逐渐建立，模仿邺、洛阳、长安。

孝文帝在重修平城时，非常重视对中原古代城市结构的借鉴。《魏书・蒋少游传》记载，在修建太庙、太极殿时，蒋少游曾经到过洛阳，丈量魏晋之地；蒋少游还被任命为李彪的副使节，前往江南。孝文帝在重修平城计划的同时，将都城洛阳建成新都。如此一来，他们就能打破传统礼制，将中原各大城市的优势融为一体，形成一个井井有条的格局。

洛阳城共有13道城门，自东汉起就建了12道，而在西面的城门附近，则修建了一道城门，名为“承明门”。原来，西城墙的中门（东汉时叫雍门，北魏时叫西阳门），由原址往北大约500米，与东城的中门（东汉时叫中东城，北魏时叫东阳）相接。铜驼街之外，城里有4条街道，连接着四面八方的大门。最关键的是，中央的两条主干道，分别连接着王府和府邸，以及“郭”。由东城城墙北门（建春门）、西门、西城墙北门（开合门），宽度为35~51米。《洛阳伽蓝记》中“景林寺”一条记载，“勾盾署农司”“籍田署”位于建春门内街南端。从东城中（东阳门）至西城墙（西阳门）的主干道，宽度为41米。根据《洛阳伽蓝记》中“昭仪尼寺”一条记载，太仓署和导官署位于东阳城北。洛阳城的东边，主要负责种植和粮草。太仆寺、乘黄署、武库署位于西阳门内街以北。西边的衙门负责车马、马匹和武器。

在京城，北魏对官府进行了有计划的布置，将中央最高层的机构设在铜驼街两边，而负责食品和军需的地方则分别设在东面和西面，以强化中央集权，以增强首都的政治和军事实力。东城城墙北面（建春门）北面的“步广里”，现在已成为河南府衙，用以控制百姓。可见，洛阳城内部的设置，在当时的北方已经发生了巨大变化。

洛阳城在北方有众多民居“里”。根据《洛阳伽蓝记》中所记载的“里”字，即为各级官员的居所。比如延年里，位于西阳门内街以北，是宦官刘滕的居所；永康里位于铜驼街的西面，位于永宁寺的西面，是东汉都督荀彧的居所，现在是将军袁毅的居所；铜驼街东面为将军府邸，位于司徒官邸以东；东阳门内昭仪寺南面的益寿里，曾是晋尚书荀易府，如今已是苞信县府尹的府邸；永和里是董卓的居所，现在是左相府的左侍郎兼侍郎六人居住的地方，都是富丽堂皇的府邸，以前叫“贵里”。太仓、石二署东南方的“玉米里村”，便是二署的官邸。

洛阳城西部原来是一个“市”，是金朝时期的三个城市，洛阳为“五部三市”。金朝时期，西城城墙以北 1000 米处，北魏迁至西门附近的一条街道以北。

很显然，洛阳虽然经发生了一些变化，但本质上还属于内城区，是一个政治、军事枢纽。

第十一节　东晋时期的都城建康

（一）东吴国都的建筑格局

秣陵县是长江下游地区的一个重要政治枢纽，在秦汉时期，位于南京的秣陵县（今天江苏江宁南部）。三国时期，黄龙元年（公元229年），孙权在武昌（湖北鄂州）自立为王，并以“吴”为名。建安十六年（公元211年），他将政坛移至秣陵县，并于翌年更名为建业。同时，将金陵城在建业西边的石山（现在的清凉山）改造成一座石头城（现在南京城西汉中门，清凉山西边），方圆百步，西侧是长江，南北两侧各有一道门户，北方两道门户，是一座军事要塞。建业东南有镇江的京口，是长江中下游的重要防御要地。黄武八年（公元229年），孙权将武昌的首都移到了建业，并将淮水之北（现在的南京城区）建成了新城，东临钟山，北临鸡笼山，覆舟山，后玄武湖，方圆19里。这座宫殿位于城市的正中央。赤乌十年（公元247年），将武昌宫移到这里，修建了太初宫，方圆300里，主殿名为神龟殿，南有5道门，中间有一扇门，东边是升贤门，左边是左门，右边是明阳。东、西、北三个方向分别有4个门户，分别是苍龙门、白虎门、玄武门。宝鼎二年（公元267年），后王孙皓（公元242~284年）于太初宫东侧修建了一座方圆500米的大殿，名为“赤乌殿”，设有弯碕、临淄等城楼。园林扩建，建造得很精致，很豪华。另外，建业境内还有苑城、南宫、西池。苑城位于昭明皇宫的西北方。由吴宫南门至建业城南门（玄阳），至秦淮河北边，以南北两条大道为中心。在秦淮河下，有一座大桥，名为朱雀桥，位于皇城南部。

东吴的建业皇宫，并不是很规整。昭明宫位于太初宫的东侧，而渊城则位于昭明宫的北侧，与曹操建造的邺城不同，它与内朝的文昌殿并称为“内廷”。邺城因为是在东边修建的，在听政大门口和主干道的两边都有一个中心衙门，所以主干道和两边的公馆都是在城东修建的。而东吴的宫殿区，就是以宫殿区为中心，位于城南，长达7000米，从皇宫大门到南边的宣阳门，再往前走5000米，就是秦淮河的北边。这条7000米的中轴，两边都有一座府邸。洛阳皇宫坐落在城池的中心位置，从城池中央的阊合门一直延伸到洛阳城西侧，铜驼街和它的两边都是府邸。从这一点，我们可以看出，像唐朝时期的长安城一样，形成了一条规整的中轴，这并不是巧合，而是根据魏晋时期的历史发展，形成了这座城市的格局。其产生的原因，既有曹魏、北魏的因素，又有东吴、东晋、南朝的因素。

（二）建康在东晋时期的都城城市格局

东吴仅有 50 年的历史，为西晋所灭亡。在西晋灭亡后，建业的故地被称为“秣陵”。太康二年（公元 280 年），由临江县独立，第二年改名为江宁县。太康三年（公元 281 年），淮水河北，建业以南，仍称为秣陵。太安二年（公元 303 年），石冰在张昌发动叛乱，攻打扬州，将太初殿夷为平地。晋广陵陈敏进入扬州，以此为根基，修建了一座宫殿。建业改名建康，以躲避炀帝的忌讳。在司马睿的统治下，江东建立了新的国家，并将建康作为都城。自那以后，宋、齐、梁、陈相继在这里建立了都城。

在东晋前期，承袭了东吴古城和陈敏的宅邸。宫城原为泥壁，至咸康五年（公元 339 年），又以青石筑成。方圆 8000 米，两侧 2000 米。这座宫殿分为内部和外部。北墙没有大门，南边是云龙门，西边是虎门。在城门外侧，有大司徒门、开合门、东西合门、平昌门。太元三年（公元 378 年），仆射谢安提议重建一座新的皇宫，因为旧的行宫不再宏丽，所以修建了 3500 座。

建康皇宫的格局，仿照洛阳的古代建筑格局。主殿名为“太极宫”，共有 12 个房间，为 12 个朝代。两侧各有一殿，分别是朝会和朝臣议事的地方。太极殿北为显阳宫，为女皇大堂，东面为含章宫、微音堂。《丹阳记》记载，宫城大门的大司马，前面有一条横街。从建康城大司马门至秦淮河以北的朱雀门（大船门），以东吴的建业城为中心。在朱雀门的南方，朱雀桥曾经在秦淮河上修建，是通往南方的主要交通要道。晋明帝（公元 299~325 年），因王敦之变而被焚毁。朱雀浮行于晋成帝咸康二年（公元 336 年），这里的朱雀浮行指的是由船只相连的浮桥。

建康为都城，在南朝仍保留着东晋时期的皇宫，仅改变了皇宫的名称。

宋、齐二代仅在居室和苑园上有所增加。梁武帝天监七年（公元 508 年），在皇宫内城墙和外城墙的大门前面修建了神龙、仁虎两座城墙，在十年（公元 511 年）的时候，还修建了一座城墙。十二年（公元 572 年），重修了太极殿和东宫。太极宫按照天象的大小，变成了 13 个房间。

东晋南朝这样注重厅堂间隔的开放，对后世的宫室制度产生了深刻冲击，在隋唐时期也采用了这种形式。《大业杂记》中记载，隋朝的主殿，千亲王殿，也有 13 座，西京的正殿，应该也是一样的。唐朝西京的"太极宫"就是隋朝的"大兴宫"。其后，以 11 室为最高，9 室为次之，金、元两代均沿用此制度。明朝正殿九室为最高级别，清朝时开凿出的中堂为最高级别。

东晋南朝建康地区的建设，对洛阳的建设起到了重要作用。孝文帝在重建建康的时候，让蒋少游去洛阳测量魏国的皇宫，蒋少游也被任命为李彪副使，前往南齐考察。其后，孝文帝指派大臣重新规划洛阳的皇宫和衙门，将南方和北方的城市布置结合起来，并加以完善。

东晋南朝的建康与东吴的建业一样，都属于内城区。建康城南、东、西三面都是城外的城墙。长江、石头山、玄武湖、钟山构成了一道自然的防线；他们在周围建立了很多小型堡垒，组成了一道防御工事。在城南的石子山（现在的雨花台），在城西的石头山南，还有一座石头城。石头城原来是用泥土砌成的，后改为砖制，在此基础上修建了烽火楼、谷场等建筑，颇具堡垒的特色。城东秦淮河的北边，是晋安帝义熙十年（公元 414 年）修建的一座东府城，梁末侯景曾在此修建了一座砖制的城市。西州城在长江冶城的西南方，曾经是扬州的王敦管辖，后来被丹阳尹管辖，与东府城相隔一段距离。东吴在秦淮河的南侧修建了一座栅塘，用于防洪和防御。城北临江，有一座白石垒（也叫白下垒），是陶侃修建的，用于抵御苏峻的叛乱。

随着中原大批南移，建康地区的居民比建业地区增加许多。在城中，有 280 万人，西至石头城，东至倪塘，南至石子岗，北至蒋山，共 40 余里。东边的清溪、朱雀桥、乌衣巷，都是上流社会活动的地方。乌衣巷中，以王、谢二族最为出名。“市”是东吴原来的大市，除了东市和北市之外，还有十几个小市。牛马市、纱市和蚬市等主要城市，都是以货物交换为主，这表明人们的生活必需品的贸易越来越多，渐渐超出了原来的“市”区域。严酷的赋税，制约着城市的发展。而那些零散的小型市场则有了发展契机。

在南方，宫廷花园一直在扩大。宋文帝在城北玄武湖修建了方丈、蓬莱和瀛洲三大圣地，然后在华林园的中兴筑景阳山，再从华林园的天渊潭注入玄武湖的河水，再从太极殿的东边流到皇宫的南方。此外，他还将位于北舟山之外的北郊坛改称北苑，亦称乐游苑。后来，梁诸帝在花园里修建了更多宫殿。

东吴的建立和东晋南朝的建康，都是佛教的发源地。孙权于赤乌十年（公元 247 年）为西域康僧会建立了建业寺。建康城内庙宇众多，有“南国四百八十寺”之称，大名鼎鼎的长干寺就在城南的常干里。阿育王塔在东吴时期就已建立，到了梁武帝时期，又被称为阿育王寺。在城南的淮河以北，是有名的“瓦官庙”。在鸡笼山脚下，还有一座宏伟的通泰寺群，始建于梁武帝大通年间（公元 527 年），有 9 座佛塔，6 座宫殿，10 余座小殿。梁武帝信仰佛教，特意在皇宫北面设立了与泰寺，并与大通门隔路相连。这开创了在宫城东建寺的先河，对后世产生了很大影响。唐朝在长安设立了佛光寺，位于皇宫的玄武门，位于内天龙大殿的西侧。后周汴京在城北设置了太清观，东京保留了它的制度，改名为“建龙寺”。宋真宗时，称为“玉清昭应殿”。明朝时，中都将天王庙改名为大万安寺，位于皇城北方，名为天宁寺。元朝的主要建筑是大天寿万宁寺。梁武帝在皇宫北部设置了同泰寺，对其产生了一定影响。

第十二节　唐代在长安和洛阳的都城

（一）唐朝的皇城

唐朝的长安城，便是隋朝的大兴。隋文帝（公元541~604年），开皇二年（公元582年），高颎、宇文恺等将新都建立于长安故城的龙首原，名为大兴城。大兴城分为内外两座，内城分为皇城和宫城。先是皇城，然后是宫城，最后是郭城。

内城区在城北中部，四四方方，东西宽2820米，南北长3335米。后部为皇宫，南北宽1492米，占地4.2平方千米；前部为皇城，全长1843米，占地5.2平方千米。皇城与宫城在内，占地面积堪比汉代洛阳故城。皇宫与宫城，没有城墙，有的只是一条街道。

位于皇城中心的是一座东西宽为1967米、南北总长1492米的太极宫殿。东边是东宫，西边是后院，后院是内侍省，负责内政。太仓位于掖庭殿的最北边，是存放粮草的地方。太极宫主堂为太极殿堂，在前面有东西两个回廊，在东廊区有门下省，在西回廊有中书省，以协助皇上处理朝政。太极殿内，是一座叫"两仪宫"的主厅。在这座宫殿的前方，有5个大门，其中最大的一道是"承天门"，第二道是"南通皇城"，第三道是"郭城"的"明德"。承天门有3个大门，现存的建筑有南北两面残缺处41.7米，进深19米，门口用石头或砖块砌成。横街300步，411丈，是长安城最宽阔的街道，是一条类似于广场的街道。每逢元旦、冬至、千年（玄宗皇帝生辰），大型的庆功仪式都要在"承天门"举办，然后在横街（按照官员的等级）聚集。此外，还要在承天门举办特赦令和进贡。"外朝"在顺天门的南面；太极殿内也是每个月初一举办朝会，也就是俗称的“中朝”；“内朝”是皇上主持公务的地方，庆典、接待宾客、五等以上大臣的宴席，也都是在这里举办的。

在皇城的后方（也就是在北方）有3个大门。玄武、兴安二道为南大门，皇城的北门，就是西内苑。

皇城就在横街的正南方。皇城位于内城区南部。皇城之内有7条街道，南北有5条街道。以南北走向的承天门街为中心，设置了一座左右对称的中枢衙门。太庙与太社分别位于最两边，三门在南方，中间有朱雀门，有承天门，有南通的“郭城”“明德”。

此城市内部构造，有四项需要引起我们的注意：

第一，建立了“三朝”（外朝、中朝和内朝）的王朝体系。西周春秋时期的礼仪是“三朝”的，按照礼记，皇帝和王公的宫殿都有3~5道大门，与外朝、中朝和内朝一样。外廷在第一宫门外设立，门外有一块空地，供“国人”商讨政事。战国时期，很多国家都会聚集“国人”，“询国迁”“询立君”，以“询国危”。这是当时统治阶层内部的一种民主体制的遗留。唐朝“三朝”与古时有本质区别，“内朝”仅指的是日常事务，而“中朝”则是例行的朝会，而“外朝”则是一个大型的庆功场所。这样的盛大庆典，从秦始皇开始，就在君王朝举行。最初是新年，到了魏晋时代，就变成了新年和冬至，唐朝时就有了玄宗的生日，也就是三国节，变成了一种特殊的节日，直到清朝。隋唐时期的宫廷建筑，其布局与“三朝”时期相一致。承天门和门前横街的修建，正是为了满足三节大朝会的需求而修建的。

第二，建立皇城体制，即以中央集权为中心。在秦、汉以后，朝廷经常设在皇宫周围，作为帝王的行政机关。北魏洛阳废除了南宫的体制，在原有北宫的基础上修建了宫殿，在原有南宫的基础上修建了一座中枢衙门，这样，中央衙门就在铜驼街的南边，太庙、太社分别位于左右两边，与《考工记》所称的“左祖右社”相吻合。在隋代长安，更是如此，将所有官员都聚集在一起，建立了皇城，将皇城作为南边的横街，供皇上统一行政和命令。

第三，将皇城分为三个主要区域：太极宫、东宫和掖庭宫。秦朝、西汉修建了大量的宫殿，其中包括帝王寝宫、太后殿、太子殿以及后宫。洛阳是由南方和北方组成的。这与那时一些太监当政有关。从《晋都城图》及《后魏都城》可知，北魏和西晋时期对修建太庙十分关注，均在其东北部设置了太监或东宫。到了唐朝，长安又有了新的发展，不仅在东边修建了东宫，还将东宫前面的两条街道变成了东宫的府邸。这个地方，就是用来稳固王权的。

第四，把皇城与居民区、市区隔离开来。自周朝东都成周时期“城”与“郭”两个字起，“城”与“郭”的用法各有差异。在秦、汉之后，皇帝身为国家最高权力机构，不但要设立一套专门负责国家事务的机构，而且要配备一大群官员作为自己的心腹，所以在“城”里，除皇城之外，也设有朝廷的办公大楼，甚至连王公大臣的居所也有。在“城”中，因其所处的地位和官员的生存需求，必须在城市中设置城区。城市里的人口越来越多，所以“城”与“郭”之间的区分，难免会出现一些混乱，造成了城市的治安问题。即普通百姓与宫阙、官署隔离，与王公官邸分开，使宫城与皇城和城市隔离，以强化宫城防卫，维护宫中秘密。

唐太宗于贞观八年（634 年），永安宫址位于太极宫东禁苑的龙首山，翌年更名为大明宫。与太极殿相比，大明宫内的建筑要庞大得多，而且也是“三朝”，更加恢宏。

大明宫南为矩形，北为梯形。西侧城墙全长 2256 米，北侧城墙全长 1135 米，东侧墙体的上半部为阶梯状倾斜，南侧为郭城北壁（在大明宫区域的一段长度为 1674 米）。有大约 3.2 平方千米的地方。5 个大门在南，中间是一个丹凤门洞。主殿原名含源殿，唐高宗（628~683），在龙首原城南边，距丹凤门 610 米。殿台基，东西宽 75.9 米，南北长 42.3 米。这个基地的高度是 15.6 米。大堂前面有 3 个平行的台阶，从南边延伸出来，台阶和台阶都是用砖做的，有 78 米，中段 25 米，两边各有 4.5 米，叫“龙尾道”。从正殿到丹凤门，是一块南北宽 610 米的地方，颇具朝堂之风。高高的宫殿，是皇上开朝的地方，以示自己的尊贵。

在含源殿北方，有一座大堂，是“中朝”的大礼堂。门下省在殿前东廊，中书省在西廊。宣政宫的北方，是“内朝”的大本营，文武百官都会被称作“入阁”。唐高宗于龙朔三年（663 年）改为“大明宫”，取代了“太和殿”，“三朝”的大明宫取代了“三朝”。含元殿、宣政殿、紫宸殿这三个正殿呈一条线，对以后的皇城格局产生了深刻影响。

（二）唐朝的郭城

唐朝长安郭城是一座长方形城市，东西宽为 9721 米（由春明门至金光门），全长 8651 米（由明德城至玄武门），总面积 84 平方千米。由于“内”“宫城”“皇城”位于“北边”中心，郭城则是由东、南、西三个方向环绕着内城，“坊”则是居住区域，“市”则是位于郭城的三面。这个格局，其实就是按照汉代洛阳的格局来设计的，只不过四周都是方正的城墙，“市”与“坊”的排列，则是井然有序。

郭城一共有 13 道城池。东、南、西三个方向分别有 3 个门户，分布均匀。南大门为最大的一扇，共有 5 扇大门，两侧为胡同，中间为帝王专用。其余的大门，都有 3 个入口。北方有 4 个城门，3 个在宫城西侧，还有一个在宫城东部，只不过是通向禁苑的北大门，之后就变成了五个大门中的一个。有 11 条南北方向的街道和 14 条东西走向。其中有 6 条主干道贯穿东西三面，其中南北方向的朱雀大道最宽，达到 150~155 丈，左右各有 3 丈多长的沟渠，构成了全城的中轴。朱雀大道将郭区分为东、西两半，其中东半地区有“坊”和东市 54 个，隶属于万年镇；长安区下辖西半地区的“坊”和西市 55 个。这个格局也仿照了汉代洛阳的格局，只不过布置得比较规整而已。东郭位于洛阳，是洛阳市的一部分，前面已经讨论过。

汉朝时的“坊”称为“里”。“里”是指金朝之后的“坊”。《晋宫阁名》《元河南志》卷二《晋城阙宫殿古迹》中有“诸里”和“诸坊”之名。洛阳320千米，亦称为320个街巷，其中“坊”与“里”皆为一字。“坊”原本是“防”的一个变音。“里”是城市居民的聚集地，也叫“坊”，因为“里”都有城墙。汉朝“里”字的形状不明，洛阳“里”字呈正方形。在唐朝，“里”字制度基本上是沿用的。长安唐朝时期的“坊”可以分为四个部分，即矩形部分。皇城和皇宫的两边，都有很大规模，从南到北，全长600~838千米，从东到西，全长1020~1125千米。皇城以南、朱雀大街两边各有四个方格，最短的是南北方向，长度为500~590米，东西宽度为550~700米；四排左右的为中型，与小坊的南北长一样，东、西宽度为1020~1125米。大部分“坊”四面都有一扇大门，里面分为四个街区，每个街区都有一个“十字街”，每个街区都有一个交叉形小巷。整个坊市，被分成16个区域。朱雀大道两边各有4个方格，街道上摆着“街鼓”，黎明时分，坊门随街的鼓点而开张。

“市”的体系从汉代到现在稍作了一些修改。与“坊”类似，“市”四面都有城墙和城门。长安九城，四里一镇。洛阳大市位于洛阳的西部，四周8000米，也就是四个“里”。唐朝时，长安东市和西市分别位于皇城的东南和西北两个方向，每一个都占据了两个“坊”字，呈四四方方，西市的长度为1031米，东西宽927米，而东市则是1000米左右，东西宽924米，占地1平方千米。正方形的墙壁上有一条与墙壁相平行的大街，西市街宽度为14米。四堵墙有两扇大门，里面有南北两条主干道，西市的街道有16米，东市的街道有30多米，呈“井”字形，分成9个区域，每个区域都有不同的商铺。在中央地区，有一个市镇的平准办事处。“里”，也是围绕着东市和西市的地方，这里是手工艺人、商贾的聚集地。东市南部的宣平坊有油商，在升平的内门附近有胡人做生意；东市西边的广康铺子里，有一种叫作姜子的水果；宣阳坊有珍珠铺子，长兴坊有毕罗包子铺；崇仁坊位于东市西北，靠近皇城的景风门，许多乐器在那里生产和维修。位于皇城西南方向的西市延寿坊，以卖金银、珠宝而闻名全国。这样围绕“市”“里”内的商人开设商铺的场所，起码继承了“市”的传统。洛阳大市四周有 8 个“里”，以屠户、音乐、酿酒、丧葬为产业，这表明唐朝在长安东西两市一带“里”地区，有从事手工作坊和商贸的，并非新风尚，也非“市”体制的解体，而是一种旧式的城市机构。唐朝长安西市西南部的丰邑坊与洛阳大市北边的慈孝、奉终二里的“行棺者”并无两样。

（三）“郭”与“城”在唐朝洛阳的布置

唐朝的洛阳城，是在隋朝基础上建立起来的。隋朝一统之后，隋炀帝（公元 569~618 年）为加强对关东、江南的控制，对四面八方的赋税进行征税，迁入了商人和工匠，在洛阳建立了都城。选址于洛阳故城以西，位于王城的东南方，横贯盘江，与洛河相接。占地 47 平方千米，远远小于长安。郭城西北方向，是一座内城（皇城、皇宫）。郭城是由短城墙建造而成，至武周长寿二年（公元 625 年），又在此基础上修建。

洛阳皇城的正南方有一座巨大的应天门，主殿是武则天时期重建的明堂，唐玄宗年间改名为“含元殿”。皇帝办公的地方，与长安的太极宫、大明宫相比，也就是宣政殿，位于含源殿的西侧。皇城位于皇宫南部，是一个东西走向的矩形。另外，位于皇城东部的东城，是一个南北方向的矩形。东城以北是含嘉仓市，南北宽 700 余米，东西宽 600 余米，有 200 余个粮食库房，井然有序。隋炀帝建立东都，其中一个重要原因就是要收集和囤积大批米粮。东都的内城，包括加仓城在内，还有洛阳以东，巩义市（河南巩义）20 千米处的罗口仓，共有 3000 多个地窖。

禁苑位于皇城的西南方，唐高宗于公元 675 年修建了一座大型的上阳殿，它位于南方，靠近洛水边，西侧是山谷，有观风殿、甘露殿、麟趾殿。这与长安建禁苑时的情形类似，高宗后半生经常在这里听朝。

洛阳的郭城因洛河而分为南北两部分。北半部分为内城（包括宫城、皇城、东城）；北部为北国，共有 28 个街巷及“北市”。南部地区可分为东西两块，东侧与北郭对峙的南郭，共设 39 个方庄及一座“南市”；西边为西郭，42 个街巷及“西市”。郭区共有 109 个方巷（也有说 108 个），西郭的南面有定天门，朝北边是洛阳的中心，定鼎门是唐朝时期的中心。大部分都是四四五八的方形，比长安镇的方形要小一些。每一方巷都和长安一样，其方巷也较长安窄。

洛阳有三个市，北市为一方，南城为二方，西城位于西郭西南方，亦有一方庄。三个城市都紧邻漕渠、运渠和通济渠，交通便捷，商贸相对繁荣。北市东南的时邕坊、东北的养殖业坊、西边的青化坊，皆有酒店或客栈，西边的养殖业坊也有饭店。这种以“里”为中心，以“市”为界，以“里”为单位的商业场所，是以北魏洛阳为代表的制度。“洛阳大市”东部有通商，二里镇有肉铺，有准财、金肆二里；在“洛阳小市”的北边，还有一处“土产”。名字的由来和商业息息相关。看来唐朝洛阳仍沿用此习俗，北市东北部有养殖、丰财二坊，东南方有玉财厂、南城以北的同里坊、西城以北的光力坊。这一切的名称都与生意人的利润息息相关，绝非巧合。

从唐朝的长安到洛阳，到现在的产业已经有很多，比如长安东市，洛阳南市有 120 家，四面墙四百间铺子，货物堆积如山。也就是说，在丰都市（即南市），邸凡三百一十二号。二百二十行，一百二十行，一百行，不过是一个大致的数目，并不代表各行各业。这就意味着这个时代的集市上，各种商品应有尽有，这对整个国家的贸易都有很大的帮助。

城市，既有经济的交换功能，也有文化的传播作用。在汉代洛阳，有很多书铺，它的存在就是一种文化的传播。比如王充，经常在洛阳市闲逛，凡是看过的书籍，都能背得滚瓜烂熟，博通众流。这表明，在东汉洛阳的书铺中，已经有了“众流百家”的作品，可以让人随意挑选。到了唐朝，洛阳的书铺自然更加发达，在江南也有专门的书铺。由于木刻印刷技术出现，到了唐朝晚期，在长安东市已经出现不少刻字厂，著名的有“大刁氏”和“李”。这大大促进了文化交流。

第二章　中国古代政体历史的发展

第一节　中国古代行政区划概况

一、中国古代行政学的范围

行政一词多见于中国古代文献行政指的是掌握国家政权管理国家事务的组织、企业、团体内部的管理工作。在中国古代，行政与治理、行政与国家的关系是一体的。

（一）行政管理

关于“行政”的定义，笔者认为，问题的分歧在于：行政行为的实施人、行为的界限、立法机关、司法机关、企事业单位、社会团体、党群组织等组织的管理行为，能够被归类于行政的范畴。

狭隘的政府治理观念是把行政看成是政府和各有关部门对国家的政事和办公室进行的一种管理行为，它的管理对象是国家的行政部门，而非国家的法律、司法部门，更不是个人或团体——把行政仅局限于政府的行政行为；从广义的角度来看，行政管理活动是国家行政管理活动，而非国家机关以外的企业、事业单位的管理活动，又包括事业单位的管理活动，国家的管理活动既指行政机关的活动，又包括立法机关和司法机关的管理活动。广义行政管理规则认为，我国的行政管理既包括立法机关、司法机关、行政机关的管理活动，又包括事业单位的管理活动，甚至国家政治体制中的党的机关、群众团体以及国企单位的管理活动也应该属于行政范畴。

本书从行政角度来分析，“行政”既是一种动态的也是一种特定的历史观念。不同国家、不同政治、不同的政治制度，其“行政”的含义也是不同的。很明显，不同之处并非政客个人的价值观和体制，而是由这个民族在历史发展过程中产生的政治活动所决定，即“行政”的含义取决于其政治和社会形态。

在中国古代独裁统治下，“朕即国家”和“君权神授”的思想统治着国家的一切立法、行政和司法权力，都是由君主控制的。国王拥有最高的行政权、立法权和审判权。在机构设立上，没有一个与行政制度相分离的法律和司法制度。从功能上来说，法律与司法功能是相辅相成的；从具体实施来看，法律是在政府的管理中进行的。中国古代政府（特别是中央政府）具有行政决策、行政监督、行政执法等功能，行政决策在相当大的范围内代替了国家的法律地位。这种情况下，中国古代的一个极其显著的特征就是，行政力量主宰了整个国家，立法和司法活动都为其创造了条件，或者说是一种管理工具，所以，古代中国是一个行政化的国家，其治理活动基本都是行政管理。

综上所述，中国古代的法律制度是由行政机关管理的，是国家治理的主要内容。

（二）中国古代的行政区划类型

体制是指一个社会规定的基本公共的、行为规范的集合体，它是对社会形态的基本内涵和表现方式的内在的、一般的规定。从广义上看，行政体制，即是一种以某种管理理念和价值观为理论依据的政府体制，它包括一套关于国家机构的产生、职能、权限、组织结构、领导体制、运行机制等的一套规范和形式。然而，在古代中国，作为一个以行政为主导的国家，法律是隶属于行政机关的，它是国家的一个主要部门。

“行政”既是动态的、历史的概念，又是不断发展的。根据三权分立理论和政治实践，立法权和司法权是与行政职权相分离的，因此，在近代广义的行政区划中，通常并不包含法律的规定，而是专门针对与国家的行政机构（政府）组成、机构、权限、活动方式等相关的一套标准和习惯。然而，虽然我国的司法权、立法权与行政权相分离，但在立法和司法两个机构行使权力的同时，也存在各自的行政性。它们各自承担着司法机关和法律机关的职能。在中国古代行政体系上，因为行政力量处于统治地位，行政体系包括行政、立法和司法三大功能。

二、中国古代行政区划的发展阶段

中国的行政体制是一个不断发展的过程，其发展经历了夏、商、周时期的封建贵族体制、春秋战国时期的贵族体制到中央政权的集中统治时期，以及秦朝确立并持续2000多年的中央集权的帝国时期三个大的历史阶段。在秦之后2000年的中国帝王统治时期，尽管以帝王统治为中心的国家管理体制并未发生本质改变，但是经历了从“中央集权”和“中朝体制”，从魏晋至隋唐的“三省体制”“二府三司”“金元一府”到“明清”的“内阁制”。

封建的贵族制度是建立在分封制度和宗法制度基础上的。所谓封地，是指国王在自己管辖范围内，将其他国家的土地和臣属划分给子弟、功臣，从而产生卿、侯爵等级的贵族，而这些人则拥有“国”与“家”；各国君主都是由家族来控制的。

春秋战国时期，皇室衰落，诸侯兴起，各国相互竞争，形成了孔子所谓的“礼坏乐崩”。“礼坏乐崩”，即周王维持统治世界的礼教体系受到了严重的冲击，周的统治权受到了严重威胁。各国之间，不断发生领土与人民之间的争斗。各个国家都会有一些君主，比如，鲁国的三桓、晋国的六国。在王室、诸侯与卿大夫的激烈争斗下，家族的族规被不断地削弱，以亲属为本的贵族体系随之解体。至春秋战国，诸侯国相继实行了一系列政治变革，实行郡县制和以能授官的官制，逐步从家族的残存状态走向集中的独裁统治。

秦统一六国后，打破了封建社会长久以来的割据，形成了一个专制的中央集权制度。为了满足统一的政治要求，秦朝在全国各地都设立了一个由中央政府到地方各级政府的政府机构，形成了一个以“天子为本”的国家管理体制。汉代继承了秦朝的制度，在国家管理制度上，采取了三公九卿制度。“三公”，即丞相、太尉、御史，都是由国家的最高行政官员，对皇上直接管辖。至汉代，实行中朝制度，以亲信、中朝为要员，以掌握机密，瓜分宰相之权力，使皇帝的力量逐渐渗入朝廷，从而巩固了皇帝的权威。自此以后，宰相由“日理万机”的执掌，逐步成为天子的副官。它的政策功能已经被皇帝所取代。汉代初期，各地政府采取了“郡县并立”制度，也就是由天子所封的“同姓”的诸侯国与“中央郡”并存的制度。在汉末，随着“削藩”一系列措施的实行，帝国在政治上的地位大大降低，不再是一个独立的政治组织。汉代的地方性管理体制逐渐形成了一个单一的郡和县制。其后2000年间，虽然经历了多次分封制改革，但是郡县体制一直是中国君主时期的地方性管理体制的主要内容。

魏晋、南北朝时期，由于政局的变化，导致我国的官吏制度发生了变化，由三公九卿制度转为三州六部制度。曹魏时，朝堂上的权力被削减，设立中书省，制定和颁布政事，中书省作为中央行政机关，由尚书台管理。曹魏推行九品中正制度，建立了名门大族的统治。到了金代，门阀士族势力不断增强，从侍中到门下省，到南北朝时期，都是重要的国家组织。隋朝统一以后，确立了“五省六曹”，五省包括尚书、门下、内史、秘书内侍，六曹则包括吏曹、礼曹、兵曹、都官、度支、工曹，六曹各归尚书省，各负宰相之职。唐代三省六部制度较为完善，保留了三省原有的称呼：内史省依然叫中书省，内史仍然叫中书令，门下省的内史仍然称为侍中，各级官员的职责都很明确。中书省拟定了一项法令，起草了一道旨意：门下省审查，尚书省颁布实施。尚书省下辖六部，即吏、户、礼、兵、刑、工。部属为大臣，次司为司徒。每个部属下设四个司，主任是大夫，副职是员。六个部门是执行机关。

宋代，二府三司制度。宋朝的中央政体，分为中书省和枢密院，掌管政事和军事大权。中书省是中书省政事殿的缩写，是中央机关的总管、副大臣联合管理政务的最高机关，其办公场所位于皇宫，称为“政事殿”。以同中书门下平章事为正丞相，参知政事为副丞相，职位约为 5 人，即“两相三参”“三参两相”。枢密大臣为正、副枢密，与参知政事相当，与参知政事、门下侍郎、中书侍郎等人，都被称为“执政官”，而宰相与执政官，又被称为“宰执”，是宋代政治制度的实施者，而中书省、门下、尚书三省，都只是一个名义上的机构，尚书省下设 6 个部门，都是名义上的。除六部以外，还有盐铁、度支、户都三司，其中三司、三司副将分别是正副，掌理国家财务，其权柄在第二司之下，又名“计省”，而三司的主事人，则被称作“计相”。王安石变法失利后，将三司之权力交予户、工二部。总之，宋代的国家政权是以二府三司分掌，三司分权，三司并镇，最后归于皇上。

金元时期一府制度。金朝中枢采取一府六司制度，废中书、门下两府，仅设尚书省，以文史令为国家最高行政首长，尚书省下设院、台、府、司、寺、监、局、署、所等。元朝建国初期，取消了以前的族长会议制度，参照宋、金旧制，形成了一个完备的官僚体制。中书省、枢密院都是朝廷的中枢，中书省的最高官员是太子，是一个挂名的职位，下设一个右丞相和一个左丞相，还有四个平章政务，负责机密，是丞相的副手。中书省下设吏、户、礼、兵、刑、工六部。

清朝的内阁制度。明代初期的中央集权制度延续了元制度，宰相的权力很大。朱元璋于洪武十五年（公元 1382）废止中书省，并以六司之名，废止了实施近千年之久的宰相体制。以天子为中心，是明、清两朝的一个显著特征。朱元璋在废黜宰相之后，还效法宋制，建立了华盖殿、武英殿、文华殿、文渊阁、东阁诸殿阁，充当了皇上的幕僚，帮助他解决政务。“内阁”并非官方的最高行政机关，不置官署，而六部又不属于它的直属单位，具有帝王的私人参谋的作用。明代仁宗、宣宗之后，内阁权力逐步上升。其职权表现为“票拟”，对各地上奏的上书，按皇上的意思起草圣旨，由皇上核准后交给六司。清朝前期多次改组，到康熙九年（公元 1670 年），已确立了内阁制的基础架构，到了乾隆十三年（公元 1674 年），改为三殿三阁（保和殿、文华殿、武英殿、文渊阁、东阁、体仁阁）。内阁的校尉是一品军衔，比其他官员都要高。内阁在体制上属于清政府的最高权力机构，但是清代的政体以皇权为特色，所以内阁仅负责投票，并不涉及重要的政事，主要权力还是由皇帝自己控制的军队来制约内阁。

三、中国古代行政区划的基本特点

（一）集中的特点

中国古代的行政体系，从制度的制定到管理的运作，都是以集权和专制为最高管理理念。中国古代的行政管理体系，从制度的设置到运行，仅是对如何保证和维持君权的行使作出了明确界定，但从来没有对如何取得和如何行使权力作出明确规定。

自夏以来，实行君主制。到了商王朝，更是建立了这样的政体，商为天下之君。祭祀和征战是一项重大的国家大事，它被视为“王事”，显示出“王”就是“国”，二者合一。王权是商王朝所有管理工作的核心。所以，商王以“予一人”来表示他的特殊权力和身份。

这一时期，周王的权力和地位得以确立，君主“受百姓之封”，并确立了国家治理的管理体系。而且，一切政务都按照王命来执行。尤其是父权制的建立，把王权与族权紧密地联系在一起，进一步强化了王权。

秦王朝统一后，采取了一个极其庞大的、郡县和官僚制的、专制的、集中的政体。君王一直试图将官制变为实现自己意愿的一种手段，以加强和神化自己的力量。

（二）尊君与重道之争

中国古代的政治制度，其中心问题在于皇帝与官吏之间的相互联系。君主的稳定性无法摆脱官僚体制的束缚，而官僚体制又依赖于皇帝的支持与保护，两者是互相依赖的。但是，在互相依赖的基础上，并不代表他们没有矛盾与冲突。这便是"重道"和"尊君"之间的冲突。

"尊君"和"重道"是中央集权体制不可能避免和克服的一种冲突。一方拥有无穷无尽的君权，另一方则是一位"为帝王师"的官员。自秦、汉2500年以来，国家管理所要遵循的准则，不只是法律文件，还是更加重要的圣人话语。专制制度要求"尊君"，而官吏既要承担治理国家的责任，又要履行教育职能，把社会生命建立在传统的道德和伦理的基础上，这就是"重道"。这就需要他们坚持"独尊"的"道德伦理"，从而使"道德"得以超越皇帝的力量，达到全面的思想和伦理统治。按照常理来说，"师"是"为帝王师"的，只有在帝王权力以外，才能真正做到辅佐皇帝，治国平天下。可是"师"一出现，就被皇帝的光环所遮蔽。清代时，"尊君"一词已彻底凌驾于"重道"之上，《尹侍郎》中记载乾隆对尹嘉铨的抄本，其中有"为帝者师"四个字。君臣之事，即便是皇帝陛下，也无法置身事外。

（三）以国为尊，以社会为中心

在中国古代史上，家庭成员之间的联系与地理联系是构成其的一个主要因素。

夏、商、周时期的封建制度，是一种以家族权力和政治权力为一体的管理制度，也就是家族和城市的制度。家族的结构与国家机构有很大重叠性，而家族机构则是封建社会的基本制度，即"宗君合一"。家族世官制度是家族权力和政体合一的重要表现。按照"以官为氏"的基本原理，统治全国行政区划的各级官员，是各个阶层的家族，以他们的“官”为族号和姓氏。对于个体来说，家族是当政的先决条件；对于家族来说，做官可以推动家族的发展，官员可以“置地而居”，建立家族。所以要保其官职，保其家族，否则，就是弃官而族不保。与宗法、政事合一的行政体系是一致的，城区和农村的划分是这个时代最根本的特点。“国野分制”并非国家地理上的一种划分，而是指统治权和被支配的家族之间的等级界限。他们有权参与国家事务，拥有宗族土地，有权当兵，有受教育权。城区和农村的区分，是指一个社会的组织观念和一个政治组织的观念。

春秋战国时期，由于土地意识的强化，国野制度的瓦解，宗族城邦的国家架构出现了根本性改变，郡县制度、乡绅组织制度、户口制度逐步普及，最后形成了君主独裁制度，家族世袭的独裁体制彻底瓦解。虽然当地的宗派力量一直在持续发展，但自秦、汉以来，宗派的结构与政体彻底脱离，尊卑、嫡庶之分仍为家族的要务，而宗派中没有大宗小宗的意义。家族力量逐渐地发展到了平民阶层，并形成了一个社会的根基。但是，由于地方性的家族团体逐渐沦为政府的控制目标，君主需要借助当地的家族势力来达到自己的目的。

中国古代是典型的农耕社会，其社会和政治结构表现出明显的特性：一是独裁统治的政权，二是基于亲缘和地理联系的家族。春秋时期，家族是国家统治地区的主要依托，而对家族的统治则是一种依附与压制的策略。基于社会的分工与合同的社会性结构，其发展则是极其脆弱的。

（四）不均衡和均衡之间的波动

在中央集权制度下，君主就是一个国家的统治者，一个国家的独裁者。古往今来，君主掌控天下的野心，从未改变。其维护权力的绝对核心，远不如有效和平稳的管理。但在这样一个庞大的中央集权国家，无论君主的能力有多强，他的性格有多好，都无法仅凭自己维持一个国家的正常运作。一般情况下，为避免权力落入官僚手中，帝王不会对官吏太过依赖，他们只会在官场以外，通过自己的贴身侍从和书记官组成一支新的队伍，被称为“内朝”，代替普通的行政机关，从而取得皇权对国家的统治。这必然导致现有的政府体制中的力量不平衡。由皇帝所依赖的“内朝”逐渐形成新的行政体系，演变成制度化和合法化的行政组织，从而形成了新的“外朝”。其后，统治者为了谋求新的统治制度而设立新的“内朝”，使原有的权力均衡再度被破坏，从而产生新的不均衡。由内而外、由近侍到正式的行政性组织，到后来由新的近侍取代的制度演进，称为“外官化”，也就是由内而外的中央管理制度由内到外的转变。中国古代的管理制度，就在“内朝”与“外朝”之间拉锯，在平衡和不平衡之间徘徊。明、清两朝，大臣体制被内阁取代，由皇帝担任国家元首，这种震荡局面终于随着君权的成功而终结，专制也变得极其严厉。

（五）中国传统的官吏制度对政权的制约

在保证君主权力的独占性和不可分割性的前提下，保证国家权力的运行能够最大限度地发挥其应有的作用，这是古代社会构建行政体系的根本思想。纵观各朝代对政权的分配，基本主线就是集中于上、分散于下。也就是说，以绝对的权威为基础，构建一个以权力制衡为基础的辅政制。中国古代的行政权运作机理是以专制统治为基础的君权制度的根本特点。为了保证至高无上的专有和不可分离，君主不得不解决在辅政官制度中存在的一个重要问题，那就是在官僚体系中的权力制衡，但君主必须确保对整个政权的控制和有效的管理，君主由于君权垄断的先决条件是在辅政官的官僚体系中存在制衡的权力。所谓的制度安排，就是要在制度上，建立一种既能保护君主不被腐蚀，也能由君主来控制的行政体系，比如，汉代的丞相、太尉、御史，分别负责行政、军事、监察三大体系，三大机构分别负责行政、军事和监察，互相牵制，以便皇上能够控制。其实，宰相制度对皇帝的影响很大，所以，在汉武帝时代，实行中朝制度，以分裂宰相，而到了东汉，更有了三省辅政制。同时，三省平行，直属皇帝的监察机构与三省互相牵制。中唐之后，翰林书院成为皇上的幕僚，礼贤下士，中书的权力，则由翰林院和尚书省管理，虽然还存在，但只是一种荣耀。其后，还在宫中设置了“指挥公事”的“中枢”，以分割翰林院的权力。宋朝在对汉代辅政制度进行归纳和评析之后，设立了中书省和枢密院，各执三部，三衙掌财政，以约束中书省和枢密院，监督一切事务。由此，我国出现了一个绝对中央集权、分权于下的独裁式制度。明代初期，朱元璋废止了近千年的宰相体制，将吏、户、礼、兵、刑、工六部提升为直接隶属于皇帝的政局，将六部一分为六，各自归皇上。将军政机构和都督府邸一分为二，彼此独立，各自与兵部互相制衡。改组为都察院，并设立六司，负责监督六司事务，直属皇帝，不在都察院中。这种高度分权、相互制约的辅政制确保了中央政权的集权。明成祖之后，由天子直接指挥六司的行政体系瓦解，以“内阁”作为明代的中央管理机构。在早期，内阁不过是天子的一支官员队伍，其职衔为五品左右，没有下属，也没有六部，六部奏事也无须通过内阁。明末清初，内阁参政议政，政务则是以内阁为主。所以，皇帝任命自己最信任的太监，以此来控制内阁，最终导致明代末期的一场悲剧。

简言之，国家政权集中于上，行政体制分散于下，或者采取联合大臣体制，或者在行政体制以外设立其他机关，以实现分权。因此，不管哪种制度，都有集权的一面。

第二节　中国古代的监察体制概况

一、中国古代监察体制研究的重要作用

中国古代监察体制具有悠久的历史、明确的历史和完善的体系，在横

向时间轴上一直处于“峰顶”的位置。同时，也为利用监察澄清吏治，巩固封建统治提供了一种有益的借鉴。

中国古代监察体制是封建社会的一个重要方面，它是对封建社会政权进行调控的一个平衡机制。在封建时代，具有重大的政治意义。总的来说，其功能包括制衡、治官、监督、控告、弹劾、惩戒、教育等功能。

近年来，我国学者在监督体制方面的工作取得了令人瞩目的成绩，大量的理论著作问世，特别是近代以来，一些学者对中国古代监察体制进行了深入探讨。然而，至今尚无一部以中国古代监察体制为主题的著作。

二、中国古代的监察体制及其发展阶段

中国古代的监察制度与欧美国家特有的制度结构形式存在区别，它包括两个方面：一是监察御史制，二是谏官与谏官系统。

御史，也叫台官、宪官、考官，负责监督府衙，整顿朝廷，以弹劾为主。谏官，就是“言吏”，就是“匡人君”，监督的方法就是训诫，批改圣旨。

中国古代的监察体制，与封建专制的集中统治相结合，在封建君主的强化下逐渐发展完善。按其产生和发展的历史，可以划分为以下六个时期：

第一，秦朝的雏形。在夏、商、周朝三个时代，已经具有监察机构。春秋时期的太守已经具有监督功能。但是，当时并没有设立专门的监察机关，也没有形成一套真正独立的监督体系。

第二，汉代的成熟期。秦朝设立了太常院作为中央的监察机关，在各地设立了督抚。汉朝沿袭了秦制度，在中央设立了太常院（台），并增加了尚书、吏部尚书等为都督。在各地设置 13 个监察区，监督地方官员。

第三，魏晋南北朝时期，监察院由太傅独立，由皇上任命，废除吏部尚书，监察体制基本整合，监察院权力扩展，御史中尉为文官。北魏时期，吏治制度开始规范化、系统化，设立了集书省，以示训诫。

第四，隋唐时期的成熟期。隋朝设有御史台、司隶台、祭司台，以监督内务。唐太宗在御史台下，设台院、殿院、察院，各司其职，相互协作，地方监察区分为 10 个（后又增加 5 个），组成了一张更加严密的监控网。吏治机构下设中书省和门下省，形成了“台、议”并存的格局。

第五，宋元时代加强期。宋初置谏院，台、议权力逐渐融合，呈现统一的趋势，各地都有督抚、通判、直隶之治。到了元代，废黜了谏院制，台、谏合二为一。各地设有都督衙门，下辖 22 个衙门，各衙门设有清吏司中央和地方的监督机关就形成了一个整体。《宪台格例》是中国古代最完备的一部监律。

第六，明、清两代。明代，改御史台为都察院，废谏院，设立六司使，形成六司的独立监督，使其与其他六司并列。各地设有 13 个都督和各地的提刑使，并设有都督，构成了不同地区的监督网。到了清代仍设都察院，以都御史为主事官。雍正年间，专察六部的六科给事中并入都察院，实行了科、道统一，地方的监督制度也延续了明朝的制度。至此，中国古代的监察制度进入一个非常严格的、统一的状态。清代还以天子之名颁布了全国最完备的《钦定台规》。在此期间，中国的封建监督体制达到了一个新的高度。

中国封建社会监察体制的发展与封建社会的专制化、中央集权体制的发展是一致的。

一是监察权力持续向皇帝进行集中。为满足朝廷对官吏的统治，皇帝也在持续强化对监察人员的监督。在秦、汉时期，监察机关与权力的运行仅有相当的独立性，在组织结构和隶属关系上，由宰相或太守控制。汉朝时期，中丞制度建立，而太史与宰相权力相分离。在魏晋之后，太守也脱离了太傅，成为由皇上亲自掌控的监察机关。到了宋朝，除了中央的监察使直接隶属于皇帝之外，还有各地的监察使、通判官也直接隶属于朝廷。御史的任免，不但是皇帝指定的，就是普通的御史，也是皇帝自己挑选的，而宰相却没有任何人选。清代《钦定台规》中，科举、任用、内升、外迁，皆以“永著为例”为准。就权力而言，唐代初期，监察、弹劾都不设机构，由御史台向皇帝汇报，由皇帝亲自下令，由御史台监督。

二是御史台的权力范围越来越广，而吏治制度却日渐衰微。因为御史官的权力依赖于皇帝权力，其发展与封建独裁体制的发展是直接相关的。到了两晋南北朝，御史有“震肃百僚”的权力，一开始没有弹劾，后来又被弹劾，自皇储开始，所有事情都被弹劾，甚至连皇上都无法阻止。从秦汉起，监察的范畴仅局限于普通的行政监督，到了隋代，尚书省六部、司法、军事、财政等部门都有了具体的监督权力。到了明、清两代，监察机构又增设了巡抚、盐务、监考、废文卷、三法司、九卿圆审等权力，可以说，行政、司法、军事、财政、教育等部门都受到了官员的监管。由于权力持续膨胀，皇帝开始对各个阶层的官吏进行管制，避免君主的骄纵与统治者之间的分化，从而加强和发展君主的独裁统治；它有助于执行国家的政策和法令，保证国家的封建制度、中央集权国家的正常运行；这对于充分发挥官员的能力、提升官员的水平、改进官员、维护社会安定都是有益的。所以，各朝代的封建君主都非常注重建立和扩充官吏的权力。

在君主专制思想发展过程中，吏治的命运与之形成了鲜明的对比。宋代以来，我国的监察机构日渐式微，谏官的权力也随之发生变化。唐朝时，台与谏并存，到了宋朝，虽然设立了谏院，但却不再以谏言为主，元朝废黜了谏院。明朝时，六部尚书主要负责监察六部百司之事，其职能与吏治大致相同。清朝时，六科合并为监察御史，使其与道学融为一体。此时，朝堂上的奏章也因皇帝权力的极度膨胀而消失。这是因为，它阻碍了至高无上的君主权力的恶性扩张。

三、中国古代的监察体制特征

中国古代的监察体制经历了2000余年的变迁，与当时西方国家和其他古国的监督体制有很大区别。其主要特征如下：

（一）御史台是皇帝权力的专制手段

监察机关是皇帝“耳目之所”，其基本宗旨是维护君权、维护君主专制，而非宣扬“民”权、遏制君权、防范专制。对所有级别的官员进行监察，而不接受任何形式的监督。虽然，谏官的职责是“匡正君主”，但是，这是不能触及皇帝权力的。

（二）掌握最高权力的是帝王

在专制统治下，最高的监督权力属于皇帝，从弹劾到查证，都由皇帝一人说了算。所以，帝王之喜与悲，直接关系到监察体制的兴衰。而监督的成效，就在于“明君贤相”还是“昏君奸臣”。监察人员依靠皇帝权力来维护。中国封建社会的各种弊端都是从这里衍生出来的。

（三）由上至下的监察机关实行独立的纵向监督

在魏晋时期，太常寺与太守分立，以太监为中心，与地方政府分开，形成了一个单独的监察机构。从魏晋到隋唐，虽然各属门下省和中书省，但都是单独的，并对皇帝有一定的引导作用。集书省是皇帝侍从顾问机构，宋朝的谏院是完全自主性的。地方监察机关或监察员，通常不属于地方政府，例如，西汉的刺史、隋代的司隶制、唐朝的十路巡按、宋朝的监司、元的行刑司、二十二路的肃政司、明代的十三路巡抚司、十五路的巡检使、十五路的巡察使，都由中央直接管理，由上至下。它有助于监察机关的独立性，消除与其同级别或更高级别官员的干涉。然而，这一由上至下的单一、单向监督制度的缺陷也很明显。在这种监督体系中，没有下属对上司的监督，没有民意的监督，也没有民众的关注。

（四）吏治之职，注重奖惩

历代君主对待监察人员身份的态度都很隐晦。要想监察机关拥有威慑百僚之权力，必须先给予监察机关一个较高的职位。秦、汉两国的史官为辅相，与丞相、太尉并列。后汉中丞、司隶校尉在朝会时与司隶使等人同处一席，故有“三独坐”之说。南北朝的御史大夫，独善其身。元代的都察院与中书省、枢密院并列，明、清、六司并列。通常情况下，御史都位高权重。西双侍御史和刺史的职位只有六百石，与一个小县差不多，但权力却远远超出了他的地位，按照《六条问事》，他可以监督两千石的官员。唐朝的监察院只有八级官职，却有监察六司巡抚的权力，震慑州县。同时，各朝代还实行奖惩制度，以激励监察官员敢于弹劾。

（五）注重监督人员的选拔

御史乃为政者，在经历了风雨之后，更要谨言慎行。所以，历朝历代的皇帝都十分重视选拔监察人员。唐朝选官，以质为贵。明朝的法律是“用正直的人”。监察官员一要挑选正直的人，这样他们就能更好地纠正官员的错误，维护他们的纪律。监察官员二要有深厚的从政经历，尤其是要有在地方工作的经历。从当地官员中挑选出一名官员，因为当地官员对当地的形势和民众都很了解，所以他们在任职期间，对监督工作游刃有余。监察官员三要具备一定的文化素养。所以，汉代和魏晋时期，选拔官员通常采用的是“考官”，而在唐朝、宋朝和明朝，则是以“进士”为官。特别设立了监察人员选拔的准则，为监督人员的质量提供了保障。在中国古代能有那么多严厉的“铁面御史”，离不开严苛的官员选拔制度。

（六）监督工作依法进行

中国古代的封建王朝统治者，为保证监督工作有清晰的指导方针和有效性，又避免监督机构的行为超出其职权范围，从而妨碍国家机构的运行，或者使其行为受到破坏，因而非常注重对其进行立法管制，历代都有各种不同的规定。例如，汉朝《刺史六条》，宋朝《监司互监法》，元朝《宪台格例》《行台体察例》，明朝《宪纲条例》，清朝《钦定台规》，都包含了大量的内容，特别是《钦定台规》，不但对监察机关的性质、职能、职权范围、监察内容、监察程序进行了详细阐述，而且对官吏的选拔、考课的奖罚、惩戒、纪律等方面的内容也作了充分的介绍。在封建专制社会中，虽然律法常常被帝王所毁，但通过颁布《监察法》，可以帮助他们合理地运用自己的权力，纠正和检举，确保监察工作的平稳有序进行。在此基础上，对监察员的监督也有制约的作用，比如对违规行为的监督要加大处罚力度，从而在一段时间内保证监察员遵纪守法。但是，应当注意的是，与其他监督体系的构建相比较，封建监察体系的发展相对滞后。在元朝以前，各代的监察法令大都围绕地方性法律而制定，直到元朝时期，监察制度才相对完备。

（七）多元化的监督手段

为了有效地对官员进行监督，各朝代都采用多渠道、多形式的监督。从组织上来看，在中央设置了全国最高的监督领导机构，并在各部门设置了监督机构，或者派出人员监督各部门，并监督下级人员。在各地设有与中央政府直接相对的独立的监察机关，并设有差役监督，以及地方官对下级进行层层监督，这就是汉朝的“提督”。在监察范围上，主要包括监察普通的行政、财政、仓库的监察（如稽查）、立法、司法、军事、人事、礼仪等；从监督工作的实际情况来看，主要采取检举控告、巡视、走访调查、深入部门定期视察重要政务、亲自实地督导、考课监督结合等方式，在地方还采取常驻和循环相结合的监督方式，后者成为我国古代行之有效的传统监督方式。另外，很多朝代还设置了多种形式的监督机构，在官员内部实行交叉监督，其中包含监察员。汉朝的台、丞相司直、司隶校尉都是朝廷的监察机构，这三个部门互相监督。明朝设立了都察、六部使，受皇帝直辖，并对百司进行横向监督；在各地设有十三道都督、各省都督为地方上的监察长官。这三种类型的监察员经常在一个地方进行监督。这种多重监督制度，既避免监督的缺失，又方便皇帝监督，但也容易导致权力下放、责任模糊，甚至导致监察员互相攻讦、互相拆台。从举报和控告官员渎职的方式上，可以分为面劾、奏劾、复劾、案劾、重劾、共劾、通劾等。

（八）监督和管理权力的混同

深居皇宫的皇帝，为了避免权力的外泄和大臣的权力膨胀，他不但加大了监察权力，还被赋予了一些行政、司法、军事等方面的权力。汉代，监察使拥有律令、弹纠违失、受公卿奏事、草拟诏敕、考课百官、荐举人才、逐捕盗贼、督军征战、治理大狱、审献疑案，乃至掌图书秘籍、厩马、符玺、车驾、祭祀等权力。在秦、汉两代，都是由宰相辅助总理国事，参与朝议，商议大事。如果说，秦汉时期的监察院还只是一个雏形，但在唐宋之后，却是皇帝为了增强对下属的控制力，故意增加了监察员的力量。这是一种恶性扩张，也就是对监督之外的其他部门的权力。例如，在唐宋时期，设台监狱，羁押犯人，就是侵犯了司法权力。唐朝中叶，兵强马壮的节度使多为按察使、安抚使。明朝的总督是以“立宪”的名义巡游各地，但之后又统辖各地的军事、政治、财务，并在当地有了一定的地位。这些都表明，监察部门的权力过于庞大和复杂。这一权力过度膨胀，产生了一系列严重影响：它不但会妨碍甚至阻碍行政、司法、军事等其他机关的权力，还会削弱监察机关本身的监督作用，从而使官员制度的内在均衡受到损害，使监察官员成为被监督人，从皇帝的眼线变成皇帝的爪牙。例如，从汉朝的御史到东汉，发展到一州总督，唐朝的监察使，到唐朝末期，也是最高统治者，明朝的巡抚，到了明朝，统辖数省，到了清朝，则是地方的最高统治者。历史上这一因监察权力侵占军事权力的现象，是封建主义独裁统治的必然结果，同时也是独裁统治者无法摆脱的一大弊端。

第三节 中国古代清廉制度的基本情况

一、中国古代清廉制度的形成与发展

中国是一个古老的文化国家，有漫长的历史。中国从 5000 多年前就已

经脱离了蒙昧的原始阶段，进入了一个阶层化阶段。古往今来，各国君主都十分注重国家的政治制度，以加强国家机构的管理效率，保证国家的长期稳定。其主要内容之一，是试图以制度化的形式来规范政府官员的政治行动，调节政府的执政方针，并在一定程度上实施廉政的制度。古代的清廉体制，是古代政府通过自我调节，缓和阶级矛盾，提高治理效率的一种体现。

中国古代的廉洁体制，其根源毋庸置疑是阶级矛盾的结果。其形成与发展，大体经过四个重要时期。

形成期。从夏、商、周到春秋，是中国古代的一个奴隶社会。奴隶的出现，标志着人类的伟大发展，也标志着阶级的压迫、剥削和斗争。随着被统治阶级和奴隶制的日益发展，作为统治阶级必须寻找其他方法来维持自己的统治。在我国历史上，由于阶级矛盾的深化和政治实践的丰富，有些有识之辈已经意识到必须强化政府内部的廉洁意识，并相继发表了自己的观点。这个阶段的廉洁思想，主要体现在：提倡整顿和改进统治方针；虽然其提出的廉洁理念确实是一种积极的、先进的做法，但实质还只是一种理论上的教育，并未建立起一套完整的廉洁体系。

成长期。中国古代的清廉体制是在封建社会早期建立起来的。春秋战国之际，各个藩属国相继进行了一系列的封建主义变革。秦、汉时期，封建社会的封建主义和独裁政权得到了进一步加强，形成了一个高度集中的统一国家。伴随君主制度的建立，一个由专业的官吏组成的大型组织诞生。从封建社会建立之初，中国的农民阶层就走上了历史的舞台，在这场巨大的革命中，他们的强大实力得到了全面体现。中国古代的廉洁体制就是在这样的时代背景下产生的。封建地主为了满足统治和加强统治的需求，建立了比较系统化的、以控制官员为主的封建社会的廉洁体制。在缓和阶级矛盾，巩固封建秩序，提高统治效能，强化君主集权等方面，确立了统治阶层的政治行为准则，并在选拔、任用、考课、奖惩等方面作出了具体规定。秦、汉时期建立的封建廉洁体制，其基础对以后各代封建社会都有很大的影响。

发展期。自秦汉以来，逐渐加强了封建主义控制。中国的封建制度在隋代进入了全盛期。在这个历史阶段，阶级斗争的范围和深度都较以前的时代发展了。同时，各阶层之间的政治联系也出现了较大变动，其中世家子弟的实力日渐衰落，而寒门庶族则快速发展。在新的历史条件下，封建王朝加大了整顿官员的力度，各种封建主义的廉洁体制逐渐走向成熟。譬如，在刑罚官员的犯罪法制上，秦、汉时期就已经有了零星的法令，而唐朝的官员们又把相关的法令加以完善，形成了《职制律》，专门为官员所用。唐朝建立了一套较为系统的官员执法法规，在推动盛唐时期的吏政清明方面发挥了重要作用，其根本原理也被历代封建统治者所继承。

消亡的过程。到了清朝，中国的封建社会经历了其繁荣期，逐步走向没落。随着社会整体的腐败和衰落，中国古代的廉政体制也发生了一定的变革。一方面，封建专制君主权力的发展使得以御臣治官为主的封建社会的廉洁政治体制较以前更加完善；另一方面，在封建社会的腐败中，各种廉洁效果已经大打折扣，它自身的缺陷越来越突出。腐败的封建统治削弱了廉洁的正向功能；廉洁制度丧失了其现实效果，从而使封建主义的腐败进一步恶化。中国古代的廉洁体制对封建社会的发展起到了很大的促进作用，但是却无法扭转这种不可避免的走向衰败的历史宿命。

二、中国古代廉政建设的基础

中国古代的廉洁体制体现在对官员的政治活动进行调控和规制上，以及在治理策略上进行了相应的改进。从其表现方式来看，清廉制度没有形成一个单独的制度系统，它主要包括：统治政策、职官设置、官员的任用制度、官员管理制度以及相关的法规制度。

在治理方针上，清廉制度，主要包括：轻赋税、重刑重罚、精简冗员、节俭浪费、管制建设、减少开支、惩处腐败官员、表彰廉洁官员。目的在于强化政府自身的监察功能，缓解社会阶层之间的矛盾，维持现有的统治制度。

就官员的选拔和任命等而言，主要包括：在官职的设立上，权力划分和约束；建立专门的监察机关，强化对政府官员的监督；明确官员的遴选标准、来源程序以及对应的连带义务，以期形成较为公平、合理的仕途体系，确保可以大量吸纳杰出人才；在察举、科举等选拔官员时，要采取一些特殊措施，防止徇私枉法；对官员的选拔采取了回避和其他制约办法，以防范官僚的阿附，诸如此类。这一领域的廉洁制度旨在强化国家的政治制度，以巩固和扩展其统治根基，使其与统治者所期望的权力体系相适应，以实现其长期稳定。

在官员的治理体系中，主要包括：与官员的品德、能力、业绩等相关的具体标准；对官员考试的内容、方式、程序、评价的尺度等进行了专门规范；关于官员奖惩的具体制度，如奖惩的根据、奖惩的方式、奖惩的范围等；关于强化监察工作的具体条款，如监察范围、监察方针、监察权限等；关于官员俸禄和其他生活福利的具体制度，主要有实行职级俸禄制度，严格俸禄管理，增俸“养廉”，禁止奢侈；关于官员因年老、疾病等原因而辞官的制度，诸如此类。这一制度旨在加强官员管理效率，避免官员在社会上挑起矛盾，损害统治阶级的根本利益。另外，这一制度的目的在于强化对官员的控制力，避免他们对君主专制的侵害和威慑。

在法制层面上，廉政法规主要包括：以法定的方式发布的官员遵纪守法的具体条款；处罚官员的刑法条文；关于强化司法程序监督、防止司法官员执行不当的条款，诸如此类。这一领域的规定，目的在于通过法律途径整顿官员，预防和惩处官员贪污受贿、营私废公。

三、对中国古代清廉制度的评价

在中国古代社会发展过程中，清廉制度发挥过巨大的作用，并且具有很大的影响力。但受当时社会环境的制约，我国古代的廉洁体制必然存在诸多历史局限。历代的廉洁思想，无论从哪个方面来看，都是对后人进行廉洁教育的有益借鉴。

（一）古代清官的正名

中国古代的廉政建设，其正面影响主要体现在：一方面，通过改进治理政策，规范其内部成员的政治行动，增强其自我调控功能，促进其治理结构的完善，使其政治相对清明，进而缓解阶级矛盾，促进经济与文化的持续发展。中国古史上的太平盛世，如“文景之治”“贞观之治”，“康乾盛世”，这些与封建社会实行廉洁体制有着密不可分的关系。唐太宗在唐朝初期，勤于政务，努力治理国家，非常重视对官员“善恶之迹”的考察和评价。贞观时期的经济和文化兴盛，就源于强化了封建社会的道德规范。清朝康熙和乾隆年间，实行了一套整顿吏治、整顿经济、发展经济的政策，这才有了“康乾盛世”。以上实例说明，在我国古代强化廉洁对推动古代社会、经济和文化发展有一定的积极意义。

同时，由于与廉洁相关的法律法规与伦理准则的双重作用，我国出现了一大群在特定时期具备优良的政治品格的官员。单以汉朝为代表，就有以发展边陲落后地区的文化和教育为己任的蜀郡县文翁；渤海知府龚遂；南阳知县视民如子；张释之秉持公平司法、不受帝王意志影响；“强项令”洛阳使董宣，不怕权贵，勇于除恶，宁死不屈；力行清正、节节严明，虽然在富邑之地四年，但家产未有增加的孔奋；东莱的杨震，就算在黄昏之时，也不肯接受任何的贿赂。还有蜀汉诸葛亮，唐朝魏徵，宋朝包拯，明朝海瑞，都是廉洁的代表。在特定的时代背景下，清官廉吏成为执政群体政治伦理的典范，他们所表现出的直谏、正直、廉洁、奉法循理、勤政爱民等品格，在某种程度上也是中国优秀传统文化的一个重要组成部分，值得后人批判和继承。

我国古代的廉洁奉公，主要体现在建立了一系列的政治体制，包括官员的选聘、考试监督等。虽然这种做法和手段难免会带有强烈的剥削色彩，但是也有许多值得后人学习的地方。对我国古代的廉政制度进行深入的梳理和探索，对我国的政治体制自身调控手段的整理与研究，在推进和强化当今我国廉政建设方面仍然有重要的现实意义。

（二）我国古代清官的历史局限

在中国古代这样的存在剥削与被剥削的历史环境中形成的各种廉洁体制，必然无法脱离其自身的社会性质和时代环境。

首先，中国古代历代君主在制定各种廉洁制度时，都是为了保证封建统治阶级的长期稳定，保障统治阶级的基本权益。各种廉洁体制的产生，常常是由于当时的阶级矛盾，被逼无奈。古代的统治者们必须努力增强自我约束，并对自己的统治进行适当的调节和改进。另外，古代的廉政制度也是为了维持君主的统治而存在的。各种“清正廉洁”的制度实质上是统治者对其臣民的控制方式。在我国古代廉政建设中，对于官员所制定的道德准则中，“忠君”一词的内涵要比“爱民”丰富得多。所以，古代的廉政制度常常会在君主与大臣的争斗中以及官员之间的攻击中扮演重要角色。

其次，中国古代的廉政体系在实施中经常受到各种干涉和阻碍，很难真正地实现廉洁。君主专制是无法构建正常、安定的法律制度的，这种情况在各个朝代都是司空见惯的，相关的法律法规往往一言难尽。在新朝成立之时，由于前朝覆灭的教训，君主更注重的是如何治理官员，一些廉洁的政策可能会在某种意义上被执行。在社会矛盾日益激化、王朝统治面临危机之际，君主们往往才加大对廉洁的力度，试图通过各种廉洁手段来化解矛盾和危机。然而，由于我国古代政治体制的等级性质，使其无法真正、彻底地致力于廉洁，各种廉政制度在实施中往往呈现出严重的间歇性。此外，在有些情形下，“廉洁”也可能变成“严政”“扰民”之政，滋生新的社会弊病。

最后，尽管廉洁是古代政府强化自身调控的一种手段，但其调控的范围与程度却是十分有限的。旧的清廉体制无法从根本上解决社会中的各种问题，更无法彻底地改变剥削阶层自私自利、贪得无厌的本质。中国古代的廉洁体制虽然能够催生大量的廉洁官员，但并不能根治腐败滋生的土壤。建立在私有财产和阶级剥削之上的社会体制，只有从根本上有所改变，被统治阶级所渴望的清廉的政治才有实现的可能性。

第三章　中国古代的政府机构和功能

第一节　先秦与秦汉

一、先秦时代

中国古代的官僚体制由来已久，实际上，也是帝王的统治基础。

（一）禅让

“三皇五帝”在中国是一个传奇的年代。“三皇”，也就是燧人氏、有巢氏、神农氏。“五帝”，分别是黄帝、颛顼、帝喾、尧和帝舜，大致处于部落联合或酋邦制的时代，五帝时代以黄帝为首，与三皇时代截然不同。黄帝是以臣民之道，父子之礼，夫妇之妻，内之刀，外之军。酋邦是一种特定的制度和机构，是一种在民族形成之前就已存在的体系和机构。在一些规模更大、更错综复杂的部落，这些地方不仅有固定的首领，还会有一些管理人员，往往是首领的近亲、士兵，或者是专业的手工艺人。黄帝设置了很多的官职来治理天下。比如风后，也叫风伯，是黄帝时期的宰相。陶正是专门管理制陶器的，牧正是专门教大家放牧的，杜康管理粮仓，仓颉负责记录历史，等等。黄帝的这一系列的举措让人们都做好了分工合作，各司其职。黄帝以后，在黄河流域的部落联盟出现了尧、舜、禹三个著名的领袖，尧舜“禅让”的历史传说，反映了原始公社的民主制度。禅让的方式是和平、民主地推选，不是个人权利的转移。体现了“以人为本，任人为贤”的思想。有利于部落联盟的团结，协调社会生产。尧舜禹时期的部落联合体属于酋邦制类型，而不是部落联盟类型。作为酋邦，这些部落联合体的最显著特征是不存在平等结盟的基础。酋邦以专制主义主导社会政治，与部落联盟的民主主导社会政治是不同的。

之所以认为尧舜禹时期的部落联合体是酋邦制，主要是因为：其一，部落联盟没有最高首领，而尧舜禹部落联合体却有最高首领——帝，处于至高无上的地位，掌控最高权力。其二，部落联盟会议的议事原则是全体一致通过，尧舜禹联合体却由最高首领决断。从摩尔根所载易洛魁部落中的情形看，几乎所有部落大事都需经过全体成员的民主表决方能通过，作为临时性、魅力型领导的部落首领的权力是极为有限的，这与酋邦社会的情形有明显差别。尧舜选拔接班人或官员，虽征询了四岳的意见，他们也有推荐人才的权利和义务，但最后的决定权却操于尧舜之手。《尧典》所载舜对于弃、契等十余人的任命都是采取这种由最高首领一人决断的方式，这与部落联盟中全体一致通过的方式，有根本不同。其三，部落联盟的权力结构中存在酋长会议和人民大会等集体性质的权力，人民大会是最高权力机构，而尧舜禹部落联合体的首领是最高权力主体。

（二）世袭制度

夏、商、西周的政治制度包括有王位世袭制、内外服制度、西周的分封制、西周的宗法制及西周的礼乐制度。

约公元前 2070 年，禹建立我国历史上第一个王朝——夏，中国出现早期国家政治制度。禹年老时沿用禅让的惯例，选举继位人。禹死后，他的儿子启夺得王位，并传位给自己的后代，禅让制被王位世袭制所取代。“公天下”变为“家天下”。王位在一家一姓中传承，王位继承采用世袭制，有时父子相传，有时兄终弟及。王位世袭制取代禅让制，是私有制发展的必然结果，是历史的进步。

商朝的主要政治制度是内服和外服制度。内服是王畿，即商王直接统治的地区，外服则是附属国管辖的地区。商王在不同程度上具有支配内服和外服的实际权力。商王对外服即附属国的控制力是有限的。各附属国基本保持原有的社会结构，除对商承担应尽的义务外，有很大的自主权。有的附属国还经常与商处于战争状态。商朝是以商族为中心的内外服联盟，商王对附属国的控制力是有限的。商朝是一个弥漫着神权色彩的王朝，商朝通过垄断神权以强化王权。

公元前 1046 年，周武王伐纣灭商，建立周朝，史称西周。西周建立后，经历了短暂的政局动荡。为了进行有效的统治，西周实行分封制。周武王把王畿以外广大地区的土地和人民，分别授予王族、功臣和古代帝王的后代，让他们建立诸侯国，拱卫王室。诸侯在自己的封疆内，又对卿大夫实行再分封。卿大夫再将土地和人民分赐给士。这样层层分封下去，形成了贵族统治阶层内部的森严等级“天子——诸侯——卿大夫——士”。周天子是最高统治者，土地与义务是周天子与诸侯联系的关键，层层受封。诸侯的爵位可以世袭，诸侯可以对卿大夫实行再分封，在封地以内享有相当大的独立性，如设置官员、建立武装、征派赋役等。诸侯必须服从周天子的命令，诸侯有为周天子镇守疆土、随从作战、交纳贡赋和朝觐述职的义务。分封制加强了周天子对地方的统治；西周开发了边远地区，扩大了统治区域，形成对周王室众星捧月般的政治格局；西周成为一个延续数百年的强国；传播了周文化，形成了统一的民族文化，为华夏民族的形成奠定了文化基础。分封制崩溃的根源在于生产力的发展，井田制瓦解使分封制失去了经济基础。分封制本身的弊端随着时间的推移日益明显，周王的直辖地越来越少，一些诸侯的势力越来越大，维持分封的宗法血缘关系松弛，加之周王室衰微，战国时各国变法废除分封制。秦统一后在全国范围内建立郡县制，废除了分封制。

为了维护分封制形成的统治秩序，解决贵族之间在权力、财产和土地继承上的矛盾，西周还实行了宗法制。宗法制是用父系血缘关系的亲疏远近来维系政治等级、巩固国家统治的制度。通过血缘的关系，确立起一整套土地、财产和政治地位的分配与继承制度。无论周王、诸侯，还是卿大夫和士，都实行嫡长子继承制，这是宗法制的核心。嫡长子为大宗，其他兄弟（次子、庶子）为小宗。宗法制最突出的是嫡长子继承制。把血缘纽带同政治关系结合起来，“家”和“国”密切结合，保证了各级贵族在政治上的垄断和特权地位，有利于统治集团内部的稳定和团结。宗法制与分封制互为表里，分封制建立在宗法制的基础上；宗法制在政治制度上的体现是分封制，分封制在血缘关系方面的体现是宗法制。

为了维护分封制和宗法制，西周制定了各种礼乐制度。礼乐制度就是对统治阶级日常的政治、社会活动，制定一些规则和仪式，并配有特定的音乐。不同等级的贵族要行不同的礼仪。周礼成为维护等级制度、防止僭越行为的工具，有利于统治秩序的稳定。

（三）郡县制与客卿制度的兴起

分封制之后出现的地方管理行政制度称为郡县制，郡县制是在中央垂直管理地方，地方官员由皇帝直接任免的流官任期制，使地方处在中央的管辖之下，有利于中央集权的加强和国家统一。标志着官僚政治取代血缘政治，是中国由贵族封建制度走向封建专制制度的标志。郡县制是古代中央集权制在地方政权上体现，起于春秋战国时期，再经秦始皇改革，正式成为秦汉以后的地方政治体制。县制起源于春秋时期的楚武王，郡制起源于秦穆公，经过法家历代的改革，最终成型于秦汉时期。隋开皇三年（公元 583 年），改郡为州，州县制取代了郡县制。唐代柳宗元写有政论文章《封建论》，认为中国分封制度是百害而无一利，并阐发了郡县制的优越性。

客卿一词多见于战国策和史记。其中于秦国最多，但并非仅秦国独有。客卿对应的爵位为左庶长，而且低于正卿。左更位在左庶长之上，可能客卿并非爵号，而是左庶长以上皆可称客卿。秦之客卿或为领军大将，为国征伐，如胡阳、灶、司马错等，或为国相，掌一国之政，如张仪、范雎、蔡泽、李斯、寿烛，这些人都为秦国统一六国起过重大作用。而且秦国之人欲为卿位，可谓极难，秦国之人作为攻别国的领军大将有时才仅是五大夫，如攻赵邯郸的王陵，客卿位同左庶长，爵第十级，也是位高爵显，极为高贵，而因秦国势压六国，一旦为秦之客卿可谓天下之贵人，权威声名重于诸侯。而授客卿者往往因一言得君意即得封，属于破格提升、一步登天，如范雎、蔡泽等，比沙场浴血、逐级晋升的秦人要容易太多，所以秦的客卿位置对于六国的能人异士的吸引力是极大的，这就为秦国招揽了一批当时顶尖的人才，这些人在秦国崛起和统一的过程中起到了十分关键的作用。所以，秦国的客卿制度和二十等军功爵制都对秦国吸引、选拔人才起到了关键作用，对秦国的强大起到了显著的促进作用。

二、秦汉时代

秦、汉两代是官制管理的全面发展阶段，其各项构成因素均已达到一定程度。有些人甚至觉得，秦王朝的管理制度，已经超越了当时的罗马帝国。

（一）中央管理制度

1. 帝王体制：建立了最高的行政权

建立了皇帝的权力。皇帝认为自己是“德大三王，功盖五帝”，取了三皇五帝的名字，才有了“皇帝”的称号。帝王以“受命于天”的名义宣称自己是以君权为天赐说来实现自己的神性。立法、司法、军事、财政等权力，皆由皇上掌控。

皇权由嫡系的长子来继承，立长子而不是贤者。

2. 三公九卿制度：建立国家制度

秦王朝在确立皇帝尊号的同时，还总结了战国以来各国的官僚制度，建立起了一套适应封建统一国家需要的中央政府机构，这就是三公九卿制度。三公，即丞相、太尉、御史大夫。九卿，即奉常、廷尉、治粟内史、典客、郎中令、少府、卫尉、太仆、宗正。

三公的职责分别为：丞相，辅佐皇帝处理全国事务，是皇帝的助手。从秦开始，丞相正式成为官职，为中央政府中皇帝之下的最高长官；太尉，协助皇帝掌管全国军队；御史大夫，为丞相的助手，掌图集章奏，监察百官，是皇帝的耳目。三公之间互不统属，直接隶属于皇帝，便于皇权集中。

三公之下设九卿，作为中央行政机关分掌具体行政事务，如祭祀、礼仪、军事、行政、司法、文化教育等。九卿是指中央部分高管的统称。九卿包括：奉常、郎中令、卫尉、宗正、太仆、廷尉、典客、治粟内史、少府。奉常，掌宗庙礼仪；皇帝要祭天，祭庙等活动主要由奉常负责，类似现在的文化部。郎中令，掌宫殿掖门户；掌管皇宫内部警卫及侍从，类似于现在特勤保镖。卫尉，掌宫门卫屯兵；专职警卫，负责皇宫外部守卫，类似于现在的安全部。太仆，掌舆马；即掌管车马武器装备了，类似于现在的国防部。廷尉，掌刑辟；刑法律法，相当于现在的最高人民法院。典客，掌诸归义蛮夷；即掌管与外国交涉事宜，相当于现在的外交部。宗正，掌亲属；掌管皇家宗室及亲戚，相似于现在的民族部。治粟内史，掌谷货；掌管粮食与货币收支，还负责物价的控制，货物的调运，类似于现在的国家粮食局，收入来源主要是田地赋税。少府，掌山海池泽之税，以给共养；即掌管皇家财政，收入来源是对山海池泽的税收。可以看得出来秦以九卿为行政机关首长已具雏形。九卿基本涵盖当时国家各方面事物的处理，各司其职，各负其责。容易混淆的是郎中令与卫尉，一个管宫内，一个管宫外守卫。治粟内史与少府一个管国家财政，一个管皇家财政。

但无论三公，还是九卿，均由皇帝任免调动，一律不得世袭。三公九卿中央官制的制定实现了秦朝皇帝对中央官员的控制，加强了中央集权。这是封建社会最显著的特点，皇帝高度中央集权。三公九卿制度的基本结构从秦朝一直沿用的两晋，直到隋文帝创造了三省六部制。三公九卿这一制度沿用约达800年，并从结构上影响三省六部制，并左右中国封建中央官制约达700年。三公九卿制上承夏商周下接隋唐宋元，在中国历史上留下了浓重的一笔。

（二）建立地方性的行政区划

1. 郡县制度

在秦、汉两代，郡县制度和编户制是地方行政制度的重要组成部分。

刘邦建立了汉朝，却无力以朝堂统治，只好采取分封制和诸侯制度。刘邦所封的诸侯，有不同的姓氏。汉代初期，54个郡，39个是地方的，只有15个是中央的。国家与中心居民的比例大约是10：5.29；齐、楚、吴三个国家的疆域尤为广阔，有“分天下半”之说。国家可以指定御史台以下的文职人员，自主地征收地税，铸造钱币，编撰日期，“制定律法，仿照皇帝”，属于半独立自主的国家。表面上看起来是一统，但实际上却是独立的。

统一是必然的。关东一带的赋役、用兵平乱、颁布法令、派遣官员等，加上民间的经贸和文化交流日趋活跃，都使关西王朝和关东诸侯国之间的关系更加紧密。文、景两人开始削藩，平息了七个国家的叛乱，诸侯、国王们只有衣食住行，赋税赋役，只有土地，没有百姓。朝廷为诸侯国制定一系列的法律，包括推恩令、左官律、附益法等。封邑制度仅是对皇族和臣民的一种特殊待遇，并不能按照权力划分而降低郡县制度的地位。

西汉平帝时郡国约103个，顺帝时郡国约105个。都城的府邸，由内史担任，以后又被称为京兆尹。京兆尹、左冯翊、右扶风，被称为“三辅”。河南府尹，是东汉时期的都督。郡县的官员有县令，是县令的副职，如果需要，也可以代替县令，由副将统领军队，而在郡县，有一个长史掌兵马。至于官员，有功臣、五官监、督邮、主簿，以及分曹的曹掾史。州府在政事上，可以与中央官府的官员们互相照应。

在秦朝时期，郡中的县令负责财政、司法、监察、军事，并拥有自己的下属和监察的权力，其权限远远超过了后来的地方官员。汉宣帝认为，庶民百姓之所以“安其田里而亡叹息愁恨之心”，是因为郡国有“良二千石”。

刺史相当于现在的省长，是3品官位。刺史，又称刺使，古代官名。“刺”是检核问事的意思，即监察之职。“史”为“御史”之意。在秦汉之际，掌握监察权是御史台，台中最高长官是御史大夫。秦朝设立郡县制，并在郡府设监御史来行使监察权，举报地方官员的不法行为；刘邦建立汉朝后，也只是继承秦制，并未有改动。所以“刺史”之“史”是取自于“御史”之“史”。刺史制度在西汉中后期得到进一步发展，对维护皇权，澄清吏治，促使昭宣中兴局面的形成起着积极的作用。汉成帝绥和元年（公元前8年）刺史改称州牧，职权进一步扩大，西汉中后期由监察官变为地方军事行政长官。

地方上执行监察权的监御史，并不能够很好地有所作为，甚至有些人与地方官员打成一片，互相包庇，引发地方百姓不满，到了汉文帝刘恒时，刘恒为了更有效执行对地方政府行使监管权力，便废除监御史，改由丞相府派出府吏前往地方巡视。即便如此，效果也未有太大改善。在后世南梁刘昭看来，西汉朝廷对地方缺少有效监督管理，这个弊病，也应算作是后来吕氏作乱的根源之一。到了汉武帝刘彻时，才正式设立刺史制度：由朝廷派出使者，分派到各州，巡察郡府政务得失，郡府太守有失职的地方，由刺史上报给朝廷。总体来说，在刺史制度建立初期，巡察地方的成效仍然不高。

到了汉成帝刘骜时，朝廷下诏，将刺史改为州牧，官秩提升到二千石，与太守齐平，这时候，靠着官秩的提高，监察权才得以最大效力发挥，郡太守再也不敢对抗刺史了。在这段时间里，刺史的实权得到极大提升，敢对失职违法的太守直接罢免并追责。如此“断亲奏事，省入惜烦”，也极大地提高了行政效率。汉初遣丞相史分刺州，武帝改置刺史，察州，秩六百石。成帝更名牧，秩二千石。但是这样做有利也有弊，弊端就由于是刺史在地方权力过大，可能会导致某些刺史以权谋私。虽然说刺史都是皇帝亲自选拔派遣出去的心腹，但毕竟不是每个人都是正人君子，总会有一些当面一套背后一套的官员，在皇帝面前是忠义之士，到了地方就极尽嚣张之事。再往后，在汉哀帝刘欣时及新朝王莽时期，又多次将刺史、州牧互改，大概就是这样的原因，这里就不再赘述了。

刺史制度是中国古代重要的地方监察制度。刺史制度是维护皇权的有力手段，对于加强中央对地方的监督和控制，发挥了重要的作用。但刺史制度在形成和演变的过程中逐渐地方官化。刺史制度的每次变化有其特定的、具体的原因，而且有根本原因。考察刺史制度对于探讨两汉行政权与监察权的关系，以及进一步探索中央集权与地方分权都有着重大的意义。

到了西汉末年，刺史在各地逐步形成了一个稳定的治所和附庸机构，并且因为可以年举秀才、尤异而扩大了选举权。刺史的下属有治中、别驾、诸部从事、主簿、功曹等。到了汉武帝中后期，朝廷常派遣太守统兵镇制叛乱分子。但刺史一旦插手军事事务，必然会成为一名高层官员。汉武帝时，一大群要州官员，从御史迁为州，加爵二百石。郡县制度逐渐向州、郡县三个层次转变，刺史或州牧逐渐被任命为宰相。

商鞅改革时，将全国划归四十一郡。按一万户计，秩千石到六百石，往下是五百到三百石的长度。其官职包括县丞、尉、功曹、主簿和诸曹。汉代有 1587 个郡。因为一县的面积在百公里左右，故有“百里之才”之称，可以治理一县。

2. 户籍制度

秦朝的户籍制度乃是商鞅变法以来的延续，而商鞅变法时所制定的户籍制度，则是为了便于朝廷对百姓加强管理，其核心仍然是为“耕战”服务，且与连坐制度息息相关。秦朝的户籍制度，可以说是中国最早的、较为详细的户籍管理模式，在当时来说，无疑极为先进。根据《史记·秦本纪》的记载，早在秦献公十年时，便建立了“为户籍相伍”的户籍管理制度，也就是说以五家为“伍”来进行编制户口，这时期“伍”便是户口编制的基本单位。

秦朝的户籍制度特点显著，主要包括以下三点：

特点一：以“伍”“什”为基本单位。根据《史记·商君列传》的记载，到了秦孝公时期，孝公以商鞅实行变法，于是“令民为什伍，而想收司连坐”，《索隐》中则有“五家为保，十家相连”的记载，此时开始确立了五家为“伍”、十家为“什”的户籍制度，而与这种制度相伴随的，便是严苛的连坐制度，“伍”“什”的编制便是为了邻里之间相互监督。1975 年，湖北省出土的云梦秦简，这为我们揭开了《秦律》的面纱。所谓的“伍什连坐”，便是说“伍”“什”之中一家犯法，十家连坐的制度，如果主动举报则可以免除刑罚，如果隐瞒包庇则会加重刑罚。因此，商鞅变法之后的秦国，建立起了一套以“伍”“什”为基本单位的户籍制度，有了相互之间的连坐监督，极大方便了朝廷对百姓的管理，且可以直接深入每一户人家。

特点二：小家庭管理模式。在商鞅变法之前，秦国一家之人不论有多少口，都通常居住在一起。而商鞅则制定了一夫一妇的小家庭管理模式，为了强制推行这一政策，更是制定了“民有二男以上不分异者倍其赋”的惩罚机制，也就是说，如果一家有两个男人，便必须分家，如果不分，便以增加其赋税为惩罚。这种制度主要是为了取缔大家族制下的大家庭，鼓励小家庭的建立，从而推动小农经济，也可以将其看作是一种彻底释放劳动力的手段。

特点三：登记极为细致。根据史料来看，在秦始皇之前，秦朝的户籍制度主要登记有人口所在地、家庭身份、出生地区、爵位、姓名、家庭财产和类别等。而一个家庭内部，则按照以户主为首，男性、成年人、直系亲属、女性、未成年人、旁系亲属的顺序，登记着其家庭成员，还有其祖宗三代的出身情况。此后，一直到秦始皇十六年（公元前 231 年）规定，男子不论成丁与否，一律登记年龄，甚至有可能登记着户内成员的身高记录。

如此详细的户籍制度，在古代来说无疑是一项巨大的工程，为了维持户籍制度的运转，当然要要付出大量的人力物力，那么它又是如何运转的呢？

首先，户籍核对的周期和方式。现在一般认为，秦朝的户籍为三年一造（另说年年更造），县、郡官员负责户口的查验和登记，这被称为“案户比民”，或称“案比”。“案比”的时间为在当年的八月，到时老百姓需要全家出动前往县府，聚集廷中，接受主吏的比对。而为了避免百姓有所隐瞒，当时还制定了一些临时性的监察措施。

其次，户籍的登记、消除和迁移。《商君书·境内》有载“四境之地，丈夫子女皆有名于上，生者著、死者消。”而根据《傅律》的规定，户口的登记、消除主要由百姓自报，而为了避免百姓以小报老或以壮报残从而逃脱劳役，同样有着相应的处罚规定。而一旦百姓需要迁移，则必须在官府办理“更籍”手续，否则不可迁移，如果擅自迁移，是要遭到惩处的。同样地，如果官吏故意刁难百姓，从而导致百姓遭到惩处，官吏同样要接受处罚。

最后，立户的要求。在秦国或者秦朝，并不是说你想要立户便能立户的，而是有着一定的要求，一般需要满足以下条件：一是不能是商人、开客店者、赘婿、后父。二是必须是土地拥有者或是官府授田的对象。

综上所述，户籍制度在秦国和秦朝乃是一项极为重要的政策，他可以保证国君对国内人力情况了如指掌，更方便了朝廷派遣劳役、收取赋税，可以说是大大提高了国家行政效率。

第二节　魏晋与隋唐

一、魏晋之际

魏晋南北朝是中国古代的一个改组阶段，尽管这个阶段的皇帝权力遭到了世家大族的攻击，但是它仍然以一种畸形的形态存在，它的专制统治依然存在。同时，在魏晋时期，氏族门阀机构的不断发展，也为隋唐时期的三省制度的形成提供了有利的环境。

（一）中央管理制度

魏晋时期（公元 220~420 年）是中国历史上的一个时期，其间政治、经济、文化等方面都发生了较为显著的变化。在魏晋时期，中央行政体制的发展演变可以大致分为以下三个阶段：

第一阶段：魏朝初年。在魏朝初年，中央行政体制主要由三公九卿组成。三公是太尉、司徒、司空，是中央最高行政机构的领导人，具有军事、政治、外交等多种职能。九卿则是中央行政机构下属的九个部门的负责人，包括太常、光禄、度支、工程、礼仪、宗正、中书、门下、尚书。这个行政体制继承了汉朝的制度，但在实际运作中由于权力分散、机构繁多等问题导致效率不高。

第二阶段：晋朝初年。随着魏朝灭亡，晋朝建立，中央行政体制也发生了变化。晋朝初年，中央行政机构被重新划分为左、右、前、后四军，分别由尚书、侍中、侍郎等官员负责。这个制度主要强调了官员之间的职权分割，但也存在权力过于分散、行政效率低下等问题。

第三阶段：晋朝中后期。随着时间的推移，晋朝中后期的中央行政体制逐渐趋于稳定。在这一时期，尚书省成为中央行政的核心机构，官员由三品以上的尚书和从九品以上的侍从组成。此外，还设有殿中监、内史省等机构，用于管理宫廷和监察官僚。这个行政体制在一定程度上解决了前两个阶段中存在的问题，提高了行政效率和管理能力。

魏晋时期中央行政体制的发展演变呈现出从汉朝传承到创新再到趋于稳定的趋势，对中国历史上后续行政体制的发展产生了深远的影响。

除了中央行政体制的发展演变，魏晋时期还有其他一些政治和社会方面的变化：

分权趋势：魏晋时期是中国封建社会中政治分权的高峰时期之一。封建君主制度下的中央政府实力逐渐削弱，地方豪强力量逐渐壮大，私人武装和地方势力逐渐得到承认，分封制度也得以发展。

士族崛起：在魏晋时期，士族的地位逐渐上升，成为政治精英和社会主流。士族阶层的发展和士人文化的兴盛，对中国历史文化产生了重要影响。

经济变化：魏晋时期，中国经济出现了一定程度的发展。商业和手工业逐渐兴盛，农业也有所发展。同时，货币经济和市场经济逐渐成形，标志着中国经济发展进入了一个新阶段。

文化兴盛：魏晋时期，儒家文化逐渐成为主流，儒学家成为重要的政治力量。同时，佛教、道教、墨家等各种思想流派也得到了一定的发展。文学和艺术方面也出现了一些杰出的成就。

除了前面提到的政治、经济、文化方面的变化，魏晋时期还有其他一些值得注意的特点：

民族大迁徙：魏晋时期，由于游牧民族的压力和农民起义的影响，中国北方发生了大规模的人口迁移。一些中原地区的汉族人南迁到江南地区，形成了江南文化区。同时，一些游牧民族南下并在中国北方建立了政权，如鲜卑族的代国和匈奴族的前燕、后燕等。

政治改革尝试：在魏晋时期，一些知识分子对政治制度进行了一些改革尝试。例如，王导和郗鉴在晋朝时期提出了“推恩”政策，试图通过赏识和提拔人才来改善政治局势。同时，王敦在南朝时期提出了“驱逐胡虏、恢复中原”的口号，试图恢复汉朝的中央集权制度。

社会动荡：魏晋时期，中国社会的动荡程度较大。除了政治方面的动荡外，一些社会问题也逐渐凸显。例如，豪门官僚和地方豪强的削弱中央政府的力量，士族的优越地位引起一定的社会不满，同时，农民起义和游牧民族的侵扰也使社会秩序面临一定的威胁。

总的来说，魏晋时期是中国历史上一个重要的转折点。在这个时期，中国社会发生了一系列的变化和动荡，对后来的政治、经济、文化和社会发展都产生了深远的影响。

（二）更迭的地方管理制度

在新的历史条件下，各地的行政机关既继承了前代的部分制度，同时也进行了相应的制度创新。在此期间，地方制度发生了重大变革：

1. 建立州、郡、县三级制

本来汉代郡太守的地位很高，入朝即可为九卿，而刺史至少要当上九年才能升任太守或国相。太守不但可自由主持地方政事，支配地方财政，兼治地方军政，而且可以自辟幕僚，有相当大的行政自主权。但由于幅员太小，郡一级政区难以形成割据。幅员小则人口少，财力薄，力孤势单，无有能为。而州的区划很大，平均领有七八郡之地，有足够称霸一方的物质基础。因此东汉末年袁绍的宾客逢纪对袁绍说：“夫举大事，非据一州，无以自立。”

州一旦成为一级行政区划，就易于造成分裂。中央集权统治者对此有预见，所以尽量避免州成为一级政区。但矛盾恰在于，镇压大规模农民起义时，又迫切需要有幅员较大的政区，这是一个两难的问题。

三国以降，州、郡、县三级政区已成为正式制度。三级制实行之初，以十数州之地辖百来郡，一千余县，层次与管理幅度相称，比例适当，州、郡、县三级都能发挥作用。以西晋前期为例，十九个州统一百七十二个郡国、一千二百三十二个县，平均每州辖八九个郡，每郡辖七八个县，基本合理。

但西晋的统一时间很短，只有二十几年，便陷入八王之乱，继而在长期的动乱中倾覆，于是分裂局面再度出现。西晋灭亡的原因，一则由于封建诸侯的失误，形成宗室王集团与皇子王集团的对抗；再则由于州的领域较大，身兼州刺史而又军权在握的都督可以割据一方，从而有所凭借。因此可以说，在中央集权尚未高度发达的时候，实行三级制以及高层级政区幅员过大都是易于造成分裂割据的因素。

但问题的主要症结在于州、郡、县三级制本身就存在弊病，已经接近于崩溃，所需改革的是整个体制，而不是简单地予以省并。政区的层级和管理幅度达到如此不协调的地步，表明三级制至此已是穷途末路，必须改弦更张了。改革的办法便是将中间郡一级的政区撤销。事实上，在州刺史大量增加以后，郡太守在许多地方已不管事，仅备员领俸而已。但是撤销郡一级政区的行动却直到全国统一的前夕才付诸实行。

2. 魏晋社会的“坞壁”

西晋末年，中原各大豪门大族为了维护自身的权益，将宗族乡亲武装到了一起，修建了码头，铸造了盔甲，建立了自己的领地，他们就是坞壁主。他们有属于自己的独立的军事要塞，也就是所谓的“坞壁”。

码头经济发展迅速，成为一个军事、政治和经济“三位一体”的小型国家。这是在西晋后期，在军阀纷争、政治分裂、基层行政体制崩溃的情况下，坞壁主们借助长久以来的父权和乡土意识，创建了一个独立自主的基层组织。所以，每一个在北方建国的统治者，都会任命一个“坞壁主”为地方长官或知府，让他们拥有一个正当的身份来稳固自己的统治。

3. 宗主督护制

在北魏入侵中原之后，拓跋嗣为了维护与中原坞壁主的联系，采取了强迫迁移的政策，导致中原各地的军队都开始反抗。后来，汉族贵族崔宏提议，特赦坞壁主，任命他们为首领，保护百姓，这就是督护府。而在中原士家大族的帮助下，北魏的统治者通过宗主督护制度来巩固其地位。

4. 三长制

公元 486 年，孝文帝接受李冲的意见，加强了郡级以下的地方机构，建立了三长制，初设党、里、邻三长，为检查户口。五家立一邻长，五邻为一里长，五里立一党长。在北魏初期，实行宗主督护制不过是一种暂时的手段，在国家稳定之后，就必须建立一个与中央统一的新体制。三长制度，这对东汉时期的名门大户来说，是一个巨大的冲击。

二、隋唐两朝

隋代的政治和管理制度一直在进行一系列的调整。隋唐时期的三省制，是在对以前制度进行归纳的基础上，根据新时期的特征而制定的。唐高宗之后，唐朝的政局一直在进行深层次的改革，比如玄宗开元十一年（公元 723 年），中书令张说奏将政事殿设为中书，中书门下就是三省制。而中书制度在唐朝中期和晚期的持续变动与调整，也为宋代以后的政治制度提供了基础架构与操作方式。

（一）中央管理制度——三省六部制

三省六部制是中国古代封建社会一套组织严密的中央官制。它始于隋朝五省六曹制，确立于隋朝，完善于唐朝，此后一直到清末，六部制基本沿袭未改。三省指中书省、门下省、尚书省，六部指尚书省下属的吏部、户部、礼部、兵部、刑部、工部。每部各辖四司，共为二十四司。

在发展过程中，组织形式和权力各有演变，至隋，才整齐划一为三省六部，主要掌管中央政令和政策的制定、审核与贯彻执行。各不同时期的统治者做过一些有利于加强君主专制的调整和补充。

中书省，古代官署名。魏曹丕始设，掌管机要、发布政令的机构。沿至隋唐，遂成为全国政务中枢。隋初称为“内史省”，后改为“中书省”，总管制度和诏令的制定和起草，从而下达有关部门进行执行这里的门下省在隋朝属于稽查和审核机构，对于诏令的上陈下达进行严格的把控。宋代中书省与门下省合并为一个机构“中书门下”，掌握行政大权，长官为“同平章事”即宰相，其与掌管军事大权的枢密院合称“二府”。

门下省为官署名称。东汉时即设侍中，秩比二千石，属于少府，职掌为侍从皇帝左右、赞导众事、顾问应对，皇帝外出，则侍从参乘。门下省原为皇帝的侍从机构，南北朝时权力逐渐扩大，北朝政出门下，成为中央政权机构的重心。隋唐时与中书省同掌机要，共议国政，并负责审查诏令，签署章奏，有封驳之权。其长官称侍中，或称纳言、左相、黄门监，皆因时而异。其下有黄门侍郎、给事中、散骑常侍、谏议大夫、起居郎等官。

尚书省为官僚机构，是具有最大实际性作用的执行机构，作为中央寺、监、百司等机构下达诸州的政令，也必须由本省发遣。南朝宋得名，前身为“尚书台”，由汉代皇帝的秘书机关尚书发展而来，是魏晋至宋的中央最高政令机构，为中央政府最高权力机构之一。“尚书省”的组织机构于隋朝定型。以唐代制度为例：有吏部、礼部、兵部、刑部、户部、工部等六部，下辖吏部、主爵等 24 司。六部尚书都以所在“部”为名，而郎官以所在“司”为名，负责执行诏令。

尚书省是国家最高行政机关，其下设吏、礼、兵、度支（后改为户）、都官（后改为刑）和工六部，与诸寺、台分别处理各类事务。每部设尚书为最高长官，总管本部政务。

吏部，中国古代官署。吏部掌管全国官吏的任免、考课、升降、调动等事务。下设四司：明清为文选清吏司、验封司、稽勋司和考功司。司的长官为郎中，副长官为员外郎，其属官有主事，令史，书令史等。文选清吏司掌考文职之品级及开列、考授、拣选、升调、办理月选。验封司掌封爵、世职、恩荫、难荫、请封、捐封等事务。稽勋司掌文职官员守制、终养、办理官员之出继、入籍、复名复姓等事。考功司掌文职官之处分及议叙，办理京察、大计。

户部，中国古代官署名，为掌管户籍财经的机关，六部之一，长官为户部尚书，曾称地官、大司徒、计相、大司农等。明清时期户部掌全国疆土、田地、户籍、赋税、俸饷及一切财政事宜。其内部办理政务按地区分工而设司。各司除掌管本省钱粮外，亦兼管其他衙门的部分庶务，职责多有交叉。

礼部，中国古代官署。南北朝北周始设。隋唐为六部之一。历代相沿。长官为礼部尚书。考吉、嘉、军、宾、凶五礼之用；管理全国学校事务及科举考试及藩属和外国之往来事。礼部下设四司，明清皆为：仪制清吏司，掌嘉礼、军礼及管理学务、科举考试事；祠祭清吏司，掌吉礼、凶礼事务；主客清吏司，掌宾礼及接待外宾事务；精膳清吏司，掌筵飨廪饩牲牢事务。

兵部，官署名。隋始置，六部之一，掌管选用武官及兵籍、军械、军令等。源于三国魏五兵制。曹魏始置五兵（中、外、骑、别、都）尚书，另有有关军事的驾部、车部、库部等曹。各曹设郎。隋始合为兵部，以尚书为主官，侍郎为次官。迄至清末，历代沿袭，职权则不尽相同。宋、辽、金、元兵部不辖兵政。明代兵部尚书号为“本兵”，权最重，凡武卫官军选授简练，均为其掌。清光绪三十二年（公元 1906 年），废兵部，改设陆军部。

刑部，中国古代官署。主管全国刑罚政令及审核刑名的机构。隋文帝定六部制度，初沿北齐置都官，主官为尚书；次官，炀帝定为侍郎。后代均以刑部掌法律刑狱，与最高法院性质的大理寺并列。明清两代，刑部作为主管全国刑罚政令及审核刑名的机构，与督察院管稽察、大理寺掌重大案件的最后审理和复核，共为“三法司制”。刑部的具体职掌是：审定各种法律，复核各地送部的刑名案件，会同九卿审理“监候”的死刑案件以及直接审理京畿地区的待罪以上案件。

工部，中国古代中央官署名，为掌管营造工程事项的机关，六部之一，长官为工部尚书，曾称冬官、大司空等。工部起源于周代官制中的冬官，汉成帝置尚书五人，其三曰民曹。后汉以民曹兼主缮修、功作、盐池、园苑之事。西晋以后置田曹掌屯田，又有起部掌工程，水部掌航政及水利。后周依《周官》，置冬官府，长官为大司空。隋代开皇二年始设立工部，掌管各项工程、工匠、屯田、水利。

开始的时候，六部叫作六曹，即六个办事机构。六部的长官为尚书。六部几乎将所有天下大事掌握在手中，而兵部和户部一直是历朝历代都比较重视的部门。六部的设置成为后代封建国家中央政权的固定制度。

吏部负责官员的升迁和调遣。户部负责国家的土地和税收。礼部负责国家的立法制度和宫内的事宜。兵部负责武将选用、军队训练、兵籍、军械、军令等。刑部掌管法律、刑狱事务等。工部负责山川湖泊的治理和贵族们的衣食住行和游玩物品的供应等。

隋朝建立后，将北周仿照周礼设立的官爵制度废除，设立了以三省六部制为主体的中央官僚体系。隋设尚书、门下、内史、秘书、内侍五省，秘书省类似于后来的馆阁，内侍省则是一个专门的宦官机构，主持中央政权的就是尚书、门下、内史三省。

三省互相牵制，共同向皇帝负责。其中，决策者为内史省，长官称内史令；审议者是门下省，长官称纳言；处理日常政务的机构是尚书省、置尚书令、左右仆射各一人，下设吏、礼、兵、度支（后改称民部）、都官（后改称刑部）、工六部。隋朝，三省长官均为相职，同时，三公、三师也参预朝政，也是宰相。

唐朝，是中国历史上继隋朝之后的大一统中原王朝，共历二十一帝，享国二百八十九年。唐朝政府大体沿用隋朝体制，但略有改动。三省为尚书省、中书省和门下省，职责与隋制同。尚书省下面有吏、户、礼、兵、刑、工六部，职责与隋相同。中央还设有殿中省和秘书省，但权力不大，也成为三省六部制。三省的长官起初都是宰相，共议国政。后因为唐太宗之前担任过尚书令，同时尚书令权柄过大，便以此为理由不在授人，以副长官左右仆射行使权责。左右仆射起初也都是宰相，但是后来便要加上“同中书门下”的头衔才是宰相。后来因为中书令、门下侍中的名位很高，也不在常设。开始给其他官员加上“同中书门下三品”“同中书门下平章事”等头衔，担任宰相。

三省的长官均为宰相，一起在门下省的政事堂议事，政事堂便成为了协助皇帝统治全国的最高决策机构。光宅元年（公元 684 年），裴炎为中书令时，把政事堂迁到了中书省。开元十一年（公元 723 年），张说又上奏把政事堂改为了“中书门下”，作为宰相的办事机构，设有吏房、枢机房、兵房、户房、刑礼房五房。唐朝的宰相权力分于三省，又由品级低的官员担任，进一步的削弱相权加强皇权。

唐朝三省六部制中三省的职责分别是中书省负责决策，门下省负责审核政令，尚书省负责执行政令，三省职能相互分工和制衡，确保了皇权的独尊。

唐初中央政府的基本决策模式是：由皇帝和朝中主要大臣针对重大政务商讨一个政令，接着交由中书省负责起草诏书草案，之后，交由门下省审核驳查，最后，由尚书省将诏令下达给六部去执行。各省的主要职责为：中书省是制定国家政令的核心部门，主要负责起草以皇帝名义发布的制敕；尚书省主要是负责行政命令的颁发、行政信息的汇总以及对政令执行状况的监督；尚书省统摄六部二十四司，对各司的郎中、员外郎进行管理，并对各司的工作进行监督。

唐初对于门下省的职权非常重视。门下省有两方面重要职权：一是对上行行政文书进行审核；二是对下行政令的审定与签署。门下省负责对文书与政令内容进行仔细审查，主要考察文书和政令是否符合法令规定，是否符合情理，以判定文书和政令是否可以通过审核，如若未能通过，便将其驳回。

正常文书和政令有中书省的主要官员如宰相等议决之后，上呈皇帝进行御批，若是正式批准，符合法理，门下省便会审核通过。可是，皇帝只有一人，而中央政府政务多多，宰相府上呈议案后，皇帝不可能一项项皆认真审核。更多的状况是，皇帝对多数议案只是行使知情权，看看而已，甚至没有看，并没有能真正行使否决权，皇帝通常之签写“闻”而不写“可”或“否”。如此一来，原本是由皇帝决策的，在这一状况下，变成了由中书省行使一定的决策权，宰相拥有了代替皇帝决策的部分权力。

此时，门下省的作用就显得很重要。中书省长官如宰相因为权力太大，需要有对其进行监督的权力，这就是门下省的职能。因而，唐初为了形成有效的制衡机制，赋予门下省拥有了审核权，对相权进行牵制。中书省制定政令，由门下省来负责审核，许可后才能交由尚书省去施行。

“三省”分权机制的建立在一定程度上限制了皇帝的权力。从中央政府的决策机制来看，皇帝是最高的决策者，皇帝居于政治权力宝塔的顶端，拥有最后的决定权，但是，唐初“三省”权力分立，这一方面在纠正皇帝决策失误上有一定的作用，避免皇帝的偏激决策等，因为有门下省的“封驳”机制在；另一方面，有“三省”做辅佐机构，皇帝一旦临时不能理政，或政务太多处理不了，有“三省”分权替代办理，这能有效地保证政务管理的正常运行，不至于让中央政府出现停摆状况。

唐代三省六部制的特点：削弱了相权，加强了皇权和中央集权。分工明确，效率高。相互配合、相互牵制。三省六部制把丞相的权利一分为三，相互之间可以制约监督，提高决策正确性和行政效率。

三省六部制度的建立，彻底打乱了原本的六官制度，让原本的已经分权的六部的权力出现了对峙现象，随着时间的推移，氏族之间斗争加剧，更有利于君王扶持自己的势力。例如，随着三省六部官员的确立，原本隋朝氏族相争的局面就告一段落，而朝堂和社会也进入了稳定的阶段。

三省六部制度，有利于君王形成自己的权力范围，加强中央对于地方的管控，削弱地方的权力，适当将不适合的人才进行边缘化。例如，隋朝在拿下陈国之后，顺便对于陈国的旧部收归朝廷，许多氏族大家的官员，例如姚察和许善心，都是饱读诗书的文学之士，而经过了制度的调整之后，他们的家族也逐渐走向了没落，本人也逐渐游离于权力之外。尽管这一点，对于江南旧陈的官员来说，有些许不公，但是朝政更迭和隋文帝的多疑都成为了三省六部制建立之后的大批官员牺牲的原因。

三省六部制度，作为取代三公九卿制度的存在，对于后世还是产生了比较深远的影响，决策、审阅和执行必须三权分立，并且形成权力的世族大家，进行分庭抗衡。

对于权力的分化和制衡一直是中西方几千年来都致力于研究的内容，过度的中央集权，或者过度的下放权力都会造成权力的滥用和实效。所以，三省六部制度经过多年的发展和实践，将政令的发布，中央与地方的协调都保持在一个相对平衡的状态，这样的成就对于后世的治国和发展之道都具有较大的参考价值。

三省六部制度，与后来的科举制度共同构成了后来的政治局面，从隋朝一直到清末，这个制度一直作为平衡和制衡权力的工具，随着朝代的不断更迭，中央机构的架构也逐渐定型，和之前的三公九卿制度，以及后来的丞相制度都有着共同点，先是依旧现实情况的制度的改进与发展，再是皇帝对于向上集权的需要和向下分权的不妥协，两者共同作用下促进制度的不断完善。有着朱元璋为废丞相制而先后将坐上这个位置的人逐一清理的例子，自然而然就能理解隋文帝杨坚为了改朝换代而颁布新令，手动将部分人请出权力旋涡的中心是一样的效果。

制度的发展和建立都是内外作用相互造成的，而历朝历代皇帝的心结都是不一样的，例如，赵匡胤怕武将，朱元璋怕文臣，杨坚怕权臣，而李隆基怕美人，这种症状轻则毁人不倦，重则亡国灭种，所以，每一种制度的背后其实都有许多不为人知的秘密和故事。

（二）地方管理制度

从东汉至南北朝，不断沿用州制。虽然各个时期都有改动，州的划分、数目与名称不尽相同，但基本格局未变，均以州为最高一级地方行政机构，下辖郡、县等。隋唐时期的地方行政制度以道、州、县制为主，到隋炀帝时，废除州制，恢复推行郡、县二级地方行政制度。至此，中国历史在八百多年后又回到秦初的统治方式。唐、宋、辽、金几代朝廷改用道、府、路的地方行政区域的划分制度。唐太宗分全国为十道，每道各辖几十个州。中唐又析置十五道，并与节度使制度逐渐融合。在道制之外，又有府制，分别设在国内要地和边境地区。

1. 隋代的地方管理制度

隋代对地方体制进行了一次重要变革，即精简了各级官吏，强化了中央政府对地方的管理。

隋代的州、郡、县三个等级制度，是由魏晋时期开始形成的。据《地理学》记载，杨坚登基后，有州 201 个，郡 508 个，县 1124 个。州、郡、县均分为上下九级，通常有两种级别的官员。一组在州为刺史、长史、司马、录事参军事、功曹、户曹参军等职官，在郡县为太守、承、尉，县为令、长等。在州，有典章、都、正、主簿、西曹书佐、司祭酒从事、部郡从事、仓督、市令等，郡为光曹、光初主簿、县正、功曹、主簿、西曹、金、户、兵、法、诸曹等，县为县令、长的僚佐等职。

如此多的州、郡、县，官员的编制如此混乱，以致“十羊九牧”。于是，杨希上奏，恳请“存者必有闲，且以大者”。隋文帝接受杨希的上书，于公元583年将州、郡、县三级制度改为州县一级制度（即炀帝时期改州为县），同时还把一些州县并入了中央。开皇三年（公元583年）后，全国共有197个州府，837个郡，因此，地方政府的层级结构有所缩小，官员的数量和权力也随之缩减。隋开皇九年（公元589年），改零陵郡为永州，废永阳郡，并营浦、谢沐二县为永阳县，隶永州。开皇末年（公元604年），共有299个州府，1348个郡，地方性的管理体制就是州设刺史，县设县衙。郡以下五家为保，五保为闾，四闾为家族，分别设保长、闾正和族正，以严格地管理百姓。大业三年（公元607年），复改永州为零陵郡，永阳隶之。

隋炀帝即位以后，改州为郡，郡县一级管理体制。县令、长史、司马都被罢免。此后，每一州都有一名刺史，地位仅次于县。

隋对地方政权体制的改革，使中央政府与地方之间的联系得到了重新的调整，巩固了中央政府对各地的控制力，消除了地方的割据势力，提高了地方机关的管理效率，扭转了“十羊九牧”的状况。这一时期，君主专政体制发展到了一个新的时期。

2. 唐代的地方管理制度

道州县制是唐代开始推行的地方行政管理制度。唐初，改郡为州。唐太宗继位后，在隋朝州县两级制的基础上，分全国为10道，但道不设长官，作为监察区。至唐肃宗时，道由监察区演变为州、县之上的行政实体，发展为道、州（府）、县三级制。公元807年，全国设48道，辖295州（府），统1458县。

在较长时期内，唐朝采用了“道州县”三级制，但是“道”的实际权限相互间差异很大，变革繁多，而且其基础往往是节度使的实际权力膨胀，所以这一体系常被称为“虚三级”。而且唐朝疆域经历了显著的扩张到鼎盛到缩减的过程，后期逐渐趋向五代十国的分裂状态，行政区划的记载已经非常不完整。但是唐初始设的“道”的概念，仍然影响了之后的宋朝，并成为“路”的原形。

贞观元年（公元627年），太宗分天下为10道：关内、河南、河东、河北、山南、陇右、淮南、江南、剑南、岭南等十道，不过这些道没实际权力，唐代城市等级主要是总管府、都督府、节度使等，府以下为州、县。贞观十四年（公元640年），全国共设360州（府），下辖1557县。开元年间又将山南、江南各分东西，并增置京畿、都畿、黔中道，形成十五道的格局。道下设州、府，州、府下再设县，开元末年（公元740年），全国共有州、府三百二十八座，县一千五百七十三座。

唐太宗初设各道大致范围：

关内：大致相当于今陕西中、北部，甘肃陇东以皮内蒙古河套等地。

河南：大致相当于今河南、山东二省黄河以南、江苏、安徽三省淮河以北的地区。

河东：大致相当于今山西全省与河北西北部内外长城之间的地区。

河北：大致相当于今河北长城以南、河南及山东二省的黄河以北的大部分地区。

山南：大致相当于今四川东部，陕西、甘肃南部，河南西南部、湖北西部的地区。

陇右：大致相当于今甘肃陇山、六盘山以西，青海省青海湖以东及新疆东部的地区。

淮南：大致相当于今安徽、江苏二省淮水以南、以及湖北东部长江以北的地区。

江南：大致相当于今浙江、福建、江西、湖南四省，江苏、安徽的长江以南、湖北、四川江南的一部分及贵州东北部的地区。

剑南：大致相当于今四川中部和云南北端。

岭南：大致相当于今 广东、广西二省和越南东北部的地区。

唐玄宗时增设的几个道大致范围：

江南东道：今浙江、福建二省及江苏长江以南地区。

江南西道：今江西、湖南二省，安徽南部、湖北东部长江以南地区。

黔中道：今贵州全部及其与四川、湖南、广西接壤之地，湖北西南端。

山南东道：将原山南道以四川与陕西两省东境作为分界线划分，以东为山南东道。

山南西道：将原山南道以四川与陕西两省东境作为分界线划分，以西为山南西道。

京畿道：分关内道长安附近诸州增设京畿道。

都畿道：河南道洛阳附近诸州增设都畿道。

唐道下辖府、州，府、州下领县。贞观十三年（公元 639 年），10 道统领府、州 358，县 1551；开元末年（公元 740 年），15 道统领府、州 328，县 1573。此时，唐朝的疆域已超过汉武帝全盛时期。

在唐代的行政区划中，不但有唐太宗新开的“道”，还有唐玄宗新开的“府”。最早设府是在公元 713 年（开元元年），玄宗升国都雍州为京兆府，升陪都洛州为河南府。以后，设置和改置的府增多，成为唐朝行政区划中的一个重要的单位。综观唐代诸府大致可分为三类：

诸京都（包括陆续新建的陪都）和皇帝驻跸之地改置为府，以示不同于常州，如并州改置为太原府，荆州改置为江陵府。终唐之世，此类府有 10 个：京兆府（原雍州）、兴德府（原华州）、凤翔府（原歧州）、河南府（原洛州）、兴唐府（原陕州）、河中府（原蒲州）、兴元府（原梁州）、成都府（原益州）、太原府（原并州）、江陵府（原荆州）。

在内地重要地区置都督府。都督制起自曹魏，当初专理军事，不涉民政；晋始兼任刺史；北周时改都督为总管；公元 627 年（唐武德七年）改称都督，兼理军民，都督府始成行政区划之一级，如扬州都督府、益州都督府。公元 710 年（景云初年），唐有都督府 24，分辖国内各州，惟畿内诸州不隶。但不久即以权重而废。

边地置都护府。都护之名起自西汉，当时在西域设有都护。唐太宗平定高昌后，始设安西都护府，其后渐次增置，至唐中宗时共有6都护府：安西都护府、安北都护府、单于都护府、安东都护府、安南都护府、北庭都护府。

综观唐朝的行政区划制度，应该说这是中国行政区划沿革史中的一个大变革时期。唐太宗创立了“道”，唐玄宗把“府”引进行政区划中来，唐睿宗又把节度使变成正式建制；使唐代的行政区划基本上成为三级制，主要是“道—府（州）—县”。后期的“道—节度使—府（州）—县”制，由于“道”已为虚设，实际上还是三级制。

唐后期的州县制与唐前期没有什么大差别，发生大变化的是在州以上增加了道一方镇一级新型的行政组织。这一级组织的产生，是由节度使的出现而引起的。

节度使由大总管或大都督充任。唐初戍守边疆的军队，其建制大者为军，小者为守捉、城、镇，在其上总之者则称道。军、守捉、城、镇皆有使，而道有大将一人，称为大总管，后改大都督。至太宗朝，行军征讨者称大总管，在本道者称大都督。中央政府根据需要，对大总管或大都督加“使持节”衔，则为节度使。即《唐会要》卷七八所言：永徽以后除都督带使持节，即是节度使，不带节者不是节度使。所以节度使之差遣始于永徽间。此时之节度使为临时差遣，事毕即罢。至景云二年（公元711年），贺拔延嗣除凉州都督，充河西节度使后，节度使变成固定职务，有固定辖区与治所。其所领之兵与所管之辖区就称为方镇，如河西节度使就称凉州镇。《唐会要》以景云二年始有节度使之号，微误，应云从此年开始而成固定职务。而据《新唐书·方镇表》，河西节度使置于景云元年，与《唐会要》稍不同。又《资治通鉴》卷二一〇以为节度之名是景云元年自幽州镇薛讷始，其实也应看成是自薛讷起而节度使固定化。《资治通鉴》系薛讷为幽州镇在景云元年十月，而系贺拔延嗣为凉州镇在同年十二月，是薛略早于贺拔。

节度使之设置在开元间逐渐增加，至二十一年，东北西南四方边疆共设十节度，即《唐语林》所说："明皇天宝元年，置十节度经略使以备边，曰安西、曰北庭、曰河西，以备西边；曰朔方、曰河东、曰范阳，以备北边；曰平卢，以备东边；曰陇右、曰剑南，以备西边；曰岭南五府经略，以备南边。"十节度之设使军权由内重外轻一变而为内轻外重。唐初实行府兵制，共设军府 657 个，而关内一道即有军府 288 个，约占总数之 44%。更进一步，在关内道中的京兆府就有军府 131 个，占总数之 20%。此外，接近关中之河东道有军府 164，河南道有 74，三道共占军府总数之 80%，睿宗景云间因边境多事，不得不将节度使职固定化以加强边防力量。唐玄宗则因开元盛世而踌躇满志，在巩固边防之外，遂有"吞并四夷"之思，于是广设节度，布兵边疆，准备开土拓境。各节度所领之兵少者二三万人，多者八九万人，总计近 50 万人。军事上的外重内轻之势因而形成。

但节度使初置时只管军事指挥，不管钱粮，更与民政无涉，出现割据的危险性尚不大。如据《资治通鉴》所载："景云元年十二月，置河西节度、支度、营田等使，领凉、甘、肃、伊、瓜、沙、西七州，治凉州。"其中支度、营田即分管军资粮仗与军队屯田之事，与节度使同时并立。而节度使防区内各州之民政事务仍由刺史掌管，并接受中央派出的采访使之监察，与节度使无关。这样一来，使军队内部权力互相制衡，又使军队与地方分别治理，节度使军权虽大亦不能专擅一方。但开元后期，权力制衡机制逐渐受到破坏。节度使开始兼任支度、营田使，进而兼任采访使，遂集军、民、财政于一身。如张守珪就于开元二十一年（公元 733 年）转幽州长史，兼御史中丞、营州都督、河北副大使，不久又加河北道采访处置使。正好是从这一年起，全国被分为十五道，采访使由流动监察变成以道为固定监察区的监察官，对所监察之州县于是拥有更大的制约力，若再加处置使，则更具有便宜从事之专权。节度使既兼上述诸使，则专擅一方的危险已经出现。但唐玄宗对此不但不加警惕，反而变本加厉，不但让节度使兼职于财政、屯田、监察方面的使职，而且让一人兼数方镇之节度使，等于授人以叛乱之资。开元二十八年，以安禄山持节充平卢节度使、支度、营田、陆运、押两番、渤海、黑水等四府经略、处置、平卢军摄御史大夫、管内采访处置等使。四年后，于天宝三载（公元 744 年）又授为范阳长史，充范阳节度使、河北采访使。九载，又命兼河北道采访处置使，不久又令兼河东节度使。又王忠嗣于天宝五载兼陇右、河西、朔方、河东四道节度使，以“一身佩四将印，控制万里，劲兵重镇，皆归掌握，自国初以来，未之有也”。权力腐蚀人，这些节度使“据险要，专方面，既有其土地，又有其人民，又有其甲兵，又有其财赋”，在条件成熟，即朝廷政治腐败之时，何得不反？

更何况，这些节度使都是久任之官，与唐初“边帅皆用忠厚名臣，不久任，不遥领，不兼统”的做法背道而驰，在地方上在军队中都已养成深厚势力。加之方镇之兵又是职业军人，与唐初兵民合一，寓兵于农的府兵制不同。彼时兵无常帅，帅无常师，战时聚则为兵，平时散则为农。而此时改而为募兵制，不但一人以从军为职业，甚至世代以军旅为家，与将帅形成父子关系，更增加叛乱的可能性。安史之乱除了安禄山、史思明的个人因素外，正是由上述条件所促成。叛乱发生以后，内地为防务需要，也照边疆制度行事，都督之权重持节者皆称节度使，主军事而不持节者称防御使、经略使或团练使。亦即如《旧唐书·地理志》所言：其时“刺史皆治军戎，遂有防御团练制置之名，要冲大都皆有节度之类。”

与此同时，原十五道采访使已无存在基础，于是乾元元年（公元 758 年）遂正式罢去采访使职，而改置各镇观察处置使。此后或以节度兼观察，或以观察兼防御、经略，于是安史乱前作为监察区的采访使道，与都督府分统诸州的区域遂合而为一，名为一道而非单纯监察区域，名为一镇而已经不是军政区域，这种合方镇与道为一体的地理区域实际上已成为州以上的一级行政区划，形成“制敕不下支郡，刺史不专奏事”的局面。据《旧唐书·地理志》所录，肃宗至德、乾元之时，全唐已设有32节度、7观察、2经略、3防御，共44镇，亦可称44道。其中大者领十余州，小者二三州，成为州以上一级准政区。那些上马管军、下马管民的防御、团练、节度使，都集军民财政于一身，成为新型的一批高层地方官员。

以节度使为长官的道一方镇，其组织是由节度使、副大使知节度事主政，又有行军司马、副使、判官、支使、掌书记、推官、巡官、衙推各1人合共10人。若兼观察使，则又有判官、支使、推官、巡官、衙推各1人。节度使掌总军旅，颛诛杀。以观察使为长官的道一方镇，有观察使、副使、支使、掌书记、推官、巡官、衙推、随军、要籍、进奏官各1人。在理论上，观察处置使掌所部善恶，举大纲。凡奏请，皆属于州。但实际上，观察使总揽该道军、民、财、刑大权，并非仅举大纲而已，且隔断州与中央联系，不使其有直接的奏请权。诸道观察使等一般以所治州刺史或府尹、长史为本官，除了上述文职幕僚外，州府的一套佐僚自然还在。另外还有一批武职幕僚，如都知兵马使、都押衙、都虞侯、都教练使、都指挥使等。在文职幕僚中，行军司马掌军籍符伍、号令印信，德宗朝常为"储帅"，进而可递补藩帅一节度使、观察使。判官"掌判仓、兵、骑、胄事"，掌书记"掌表奏书檄"。幕职还经常被派往巡察管内州县，有的本身即兼任州县之职，有的甚至代行刺史职权，故唐后期，幕职是控制州县的实权人物。一般文人士子也都"以朝廷为闲地，谓幕府为要津"。

中唐以后，由于节度使、观察使拥有很大权力，时人比为古之诸侯，故被称为藩帅，其辖区也被称为藩镇，其属下诸州则俗称支州、支郡。这些支州刺史往往亦带团练使或防御使之职。由于方镇一般都在支州驻军，别以镇将领兵事，故支州刺史实际上没有兵权。唐宪宗时曾下诏令支州兵马并属刺史，但无多大效果。由于兵权在握，方镇对其属州有实际上的统治权。

当然，中央政府是不愿看到三级行政体制的出现，不愿意方镇来侵蚀中央的权力的，所以在唐后期经常看到中央与方镇争夺州县的管辖权的诏敕。正由于中央始终不承认道一方镇为一级政区，因此这级名义上不存而实际上起作用的政区就始终没有正式的名称。唐亡后，五代的统治者有鉴于唐王朝覆亡的教训，逐步加强了对支州的直接统治，为北宋时期削藩镇之权，将支州收归中央奠定了基础。

唐代在中国历史上是一个职官制度变革的时代。《新唐书·百官志》云："其为法则精而密，其施于事则简而易行，所以然者，由职有常守，而位有常员也。方唐之盛时，其制如此。"职有常守与位有常员就是唐初的行政制度特点。但唐中期以后这一特点开始发生质的变化。其变革核心即是以使职代替正式官职，形成"为使则重，为官则轻"的局面。本来历代都有派遣某官前往办理某事的临时差遣，事毕辄罢，称为使职差遣。但唐代大大发展了这一任职形式，出现两个重要变化：一是使职差遣的面很广，上到行宰相职务的同平章事，下至弘文集贤史馆诸职，从文人提任的翰林学士，到宦官弄权的枢密使，从中央的盐铁、转运、延资库诸使到地方的节度、采访、观察、防御、团练诸使，都是"差遣无品秩"的使职。二是名为差遣，但并非事毕辄罢，而是成为实际上的固定官职。在开元以前，尚且是"有事于外，则命使臣，否则止"。尔后"始有坐而为使，其名号益广"的普遍现象。因此用《通典·职官典序》的话来说，唐后期行政制度的一个重要特点就是"设官以经之，置使以纬之"。到宋代则地方官员纯以使职为之，而唐后期正处于过渡时期，乃以职事官加使衔。有唐一代，置使名目繁多，至有三百余种，都是为了集权中央的需要。

就地方官而言，刺史、县令是正式官员，而节度、观察等使是使职，虽开元年间以后使职之设渐趋普遍，但尚未波及地方职官。安史之乱以后，情况大变，州县虽不以使职代替刺史、县令之职，但是如前所述，刺史也往往带上防御使、团练使的使衔，而且由于"郡守之职，总于诸侯帅；郡佐之职，移于部从事"，地方政府的大权实际已旁落在方镇的首长节度、观察等使手中。这是唐后期地方制度的特点。至宋代，则地方官员只保留在名义上，实际上由中央官员代行其职了。

第三节　宋元两代

一、宋代

中国古代，官吏管理是伴随、依附于专制君权或君主专制的出现而形成的。但同时，它又带有自治的政治目的，并倾向于注重公共利益和自身发展。在历史发展过程中，它会在适当的范围内逐步加强，并与专制的帝王权力在某种意义上产生对抗。在这一点上，宋朝的政治便是一个很好的范例。文人团体是当时的主流政治势力，对皇权产生制约作用，并使之产生“与士人共治”的局面。当然，宋朝皇帝的政治理性程度也是空前的。宋代是中国古代政治制度发展最好的时代。

（一）中央管理制度

1. 宋朝二府三司及官员团体

宋代中央的政策体系是以天子为核心，由宰相、侍从、台谏等组成；而中央政权的组织结构，则与宋神宗“元丰改制”前后大不相同。

在宋代，虽然三省名义始终存在，但是已经混同为一省，中书门下是最高行政机构。中书门下同时由于枢密院、三司的设立，宰相的军权、财权被剥夺，参知政事同时分割宰相行政权，三省制度名存实亡。

宋代官制“有官、有职、有差遣：官以寓禄秩、叙位著，职以待文学之选，而别为差遣以治内外之事。其次又有阶、有勋、有爵。故士人以登台阁、升禁从为显宦，而不以官之迟速为荣滞；以差遣要剧为贵途，而不以阶、勋、爵邑有无为轻重。”（《宋史》卷一六一《职官志》）。不但宰相为临时职务，天下无官不为临时职务，至于“非奉别敕，不得治本官事”。

按《宋会要·职官》：“中书令，侍中，及丞郎以上至三师、同中书门下平章事，并为正宰相。”但实际上，有以侍中衔出任宰相职务的现象、却没有以中书令衔出任为宰相者，中书令与尚书令一样，都是荣誉头衔。其他皆以同中书门下平章事拜相。（《古今源流至论》后集卷二《三省》：“国初三省长官第为空名，惟侍中有真拜者。”）

宋代通常二相并任，较唐朝时少了许多。也有独相一人或三相并置的。三相并置时，以昭文馆大学士为首相，次相监修国史，末相兼集贤殿大学士。二相并任的，首相并兼昭文馆大学士、监修国史。

神宗元丰改制时，尽废差遣职。以三省长官任宰相，诸官均以本官治事。以尚书令、中书令、侍中，官高不便轻授。遂以尚书左、右仆射为宰相。左仆射例兼门下侍郎，为门下省长官；右仆射例兼中书侍郎，为中书省长官。

政和二年，废尚书令，改侍中为左辅、中书令为右弼，皆虚其位；并改左仆射为太宰，右仆射为少宰，仍兼中书、门下两省侍郎。靖康元年，复以尚书左、右仆射为宰相，三省长官名称皆依元丰官制。

南渡后，凡事力图复太祖、太宗旧制。建炎三年，尚书左、右仆射皆加同中书门下平章事，并中书与门下二省为中书门下。

孝宗干道八年，改尚书左、右仆射为左、右丞相，废侍中、中书令、尚书令虚称，遂为定制。

秦汉时期，中央实行三公九卿制，丞相为百官之首，隋唐发展形成的三省六部制也赋予了宰相很大的权利，所以古代称宰相为一人之下万人之上。宋太祖建国后，不断加强皇权，分化、削弱相权。宰相并不是一个官名，实际上是一个群体，是除皇帝之外的最高领导层。二府三司制是宋代为了削弱相权，加强君权的重要举措。三省长官基本不参与政事，另设“中书门下”作为宰相办公机构。宰相只保留行政权，军政归枢密院，财政归“三司”，权力相互制衡。将政务、财政、军政等权分开，而大权则系于皇帝手中。故宋代实行“二府三司”之中央政制。

宋朝的“中书”，与唐朝的“中书门下”性质相同，是宰相办公的地方。中书之外，尚书、门下两省名号虽存，但已成外朝，不是宰相机构。

宋初，沿袭唐朝后期制度，以“同中书门下平章事”（简称“同平章事”）为宰相，而以参知政事为副相。从尚书丞、郎到三师皆可加此等衔为宰相或副相。尚书令、侍中、中书令等三省长官，品高位重常“缺而不置”。

元丰改制，以尚书左仆射兼门下侍郎行侍中事，为首相；以尚书右仆射兼中书侍郎行中书令事，为次相。名义上恢复三省，实际上趋于一省，次相以兼中书侍郎因请旨而更接近皇帝。副相，包括门下侍郎、中书侍郎和尚书左、右丞。徽宗时，一度将首相改为太宰，次相为少宰。

南宋初年，以尚书左、右仆射同中书门下平章事为宰相，门下侍郎、中书侍郎并改为参知政事为副相，废尚书左、右丞官。从宰相官称来看，三省已并为一省。孝宗时，索性将尚书左、右仆射同中书门下平章事改为左、右丞相，参知政事未变（左、右丞相，唐玄宗时为尚书省长官，宋为中书的长官）。

宋朝还有一些特殊宰相官称。蔡京权势最盛时曾任“太师总领三省事”，文彦博、吕公著曾以元老任“平章军国重事”和“同平章军国重事”。南宋韩侂胄当权时，曾任“平章军国事”。他不用军国“重”事称号，因为加上“重”字则权力受限制，只能过问重事；用“同”则权力不专。蔡、韩的称号都是权臣要弄权术的一种伎俩，并非宋朝常制。枢密院的由来，也不一般。唐朝有左、右内枢密使，向由宦官担任。唐朝后期的枢密院是在三省之外复有一省，内枢密使是在宰相之外复有宰相，是正常国家机构之外的多余机构，是君主专制制度下宦官擅权的产物。唐末朱温在夺取政权之前，把掌握朝廷实权的宦官杀掉，改用文士为枢密使；同时使枢密使由全面掌权改变为专管军事。宋朝继承了五代的制度，也设立了专管武事的枢密院这一机构和枢密使这一职官。二府制下枢密使的设置，分了宰相的权，形成文武分权；同时又侵夺了原来专管军事的兵部的权力，宋朝枢密院长官自称“本兵”。

宋代为了加强对内控制，以掌管政务的中书门下政事堂（东府）和掌管军事的枢密院（西府）共同行使行政领导权，并称为“二府”，为当时最高国务机关（中书门下的长官行使宰相职权；枢密院的长官即枢密使，地位略低于相）。

枢密院，封建时代中央官署名，五代至元的最高军事机构，唐始设枢密使，掌文书，以宦官任之。后唐时枢密使辅佐宰相，分掌军政。宋设枢密院与“中书”分掌军政大权，号称“二府”。枢密院长官的官称，宋初为枢密使和枢密副使，或称知枢密院事、同知枢密院事、签书（署）和同签书枢密院事。元丰改制，专用知枢密院事、同知枢密院事等官称。改制时，曾讨论枢密院机构是否继续存在，有人建议把权力合并于兵部。神宗强调祖制，他说：“祖宗不以兵柄归有司，故专命官统之，互相维制，何可废也？”因而元丰改制时唯独把枢密院这一机构保留了下来。宋朝的枢密使、知枢密院事照例用文人充任，副职有时用武人，充分体现了重文轻武的政制特点。辽代按南北面官设北枢密院和南枢密院。元代，枢密院主管军事机密事务、边地防务、并兼禁军。明代，朱元璋废之，改设大都督府统军。枢密院的设置削弱了相权，加强了皇帝对军权的直接控制。

宋朝有“宰执”这一提法，是宰相和执政的合称。宰指宰相，只限于同平章事、尚书左仆射兼门下侍郎和尚书右仆射兼中书侍郎，以及南宋的尚书左、右仆射同中书门下平章事和左、右丞相等首相和次相。副相包括参知政事，门下侍郎，中书侍郎，尚书左、右丞，与枢密院正副长官，合称“执政”。

宋初，中书和枢密院对掌文武二柄，权力不能合在一起，因此无宰相兼枢密使的情况。后来因用兵西夏，宰相与枢密院长官不相通气，对军事指挥不利，于是在庆历年间一度由宰相兼枢密使。西夏用兵结束，又恢复原状，兼职没有形成制度。到了南宋，一些权臣如秦桧、史弥远、贾似道等都曾以宰相兼任枢密使，但还不是定制。宁宗以后，宰相兼枢密使才成为定制。宰相不能兼枢密使，是防止大臣权重威胁皇权。后来权臣兼任两职，确实曾使皇权受到影响。

政事堂，宋时宰相的总办公处。唐初始有此名，初设在门下省，后迁到中书省。开元十一年（公元723年）改称中书门下，因宰相名义上即为中书门下省长官之故。下设吏、枢机、兵、户、刑礼五房。

度支，掌管全国财赋的统计和支调，故名。魏晋始，大司农厉下已有度支中郎将、度支校尉和度支都尉等官名。南北朝以度支尚书领度支、金部、仓部、起部等曹。隋朝实行“五省六部制”，尚书省民部设有度支司，为六部二十四司之一，公元583年改称户部。度支司为国家财计主管机构，度支郎中掌握国家财计大权，其所属有度支（本闻）、仓部、左户、右户、金部、库部六个职能部门。度支本司为会计核算的主管机构。唐朝改民部为户部，下有度支郎中，掌管全国的财政预算和会计核算，是唐代最高的会计主管部门，总管全国会计事务。

户部，为掌管户籍财经的机关，六部之一，长官为户部尚书，曾称地官、大司徒、计相、大司农等。其职能大致相当于现代的民政部和财政部。户部起源于先秦《周庄》记载此职为“地官大司徒”；秦为“治粟内使”，两汉称“大农令”和“尚书民曹”，三国至唐称“度支”“左民”“右民”等。唐永徽年初因避讳太宗皇帝世民名讳改称“户部”，至清光绪末年，改“户部”为“度支部”，管田赋，关税，厘金，公债，货币及银行等。

盐铁，盐铁使是唐代中期以后特置，以管理食盐专卖为主，兼掌银铜铁锡的宋冶，多特派大臣充任或由淮南节度使兼任，常驻扬州。诸道盐铁使常兼诸道转运使，通称盐铁转运使。唐代最著名的盐铁使为刘晏，盐铁之利在刘晏为盐铁使时，成为主要财政收入。盐铁使在当时是握有财权的重要官职。

二府三司制是宋代为了削弱相权，加强君权的重要举措。三省长官基本不参与政事，另设“中书门下”作为宰相办公机构。宰相只保留行政权，军政归枢密院，财政归“三司”，权力相互制衡。将政务、财政、军政等权分开，而大权则系於皇帝手中。故宋朝实行“二府三司”之中央政制。

2. 元丰时期的官制

赵宋政权稳定以后，“以事系任”的中央体制由于其“名不副实、言辞不顺”而遭到了当时官员和文人的诟病。三省六部，只剩下一具躯体，但结构还在。由等级制度演变而来的实权机构、组织机构不明确，官吏无合法地位，严重制约了政府工作进程，也削弱了工作的热情。正是在这样的大环境下，才有了元丰时期的官场变革。宋神宗元丰五年（公元 1082 年），对中央行政区划进行了系统性变革。

元丰改制的内容之一，就是颁布《寄禄格》，实际上也是为了削弱宰相的权力，因为这样一来，官员的升迁都要参照《寄禄格》，官员的品阶和俸禄标准不再需要通过宰相，以阶易官，使官员的职务与职称相符合，减少官员在其位不谋其政的现象，也减少了官员之间职务界限不明，相互扯皮推诿的现象，从而提高了行政效率，减少了财政不必要的开支。

元丰改制的内容之二，就是在恢复旧制的名义下，恢复唐代三省制。

虽然宋朝建立时就有三省制，但是徒有虚名，三省官员平时并不具体行使权力，只有在皇帝临时有事的情况下，通过宰相传达命令，三省的官员才各自行使职务，而且三省都是宰相的权力范围，直接对宰相负责。

元丰改制后，将宰相的权力分割为左仆射和右仆射，分别负责门下省和中书省，并且皇帝直接向三省官员发布命令，这就让皇帝直接参与到朝政中，从而强化了皇帝个人的权力，加强了中央集权。

3. 宋朝的官制

宋朝中央机构可分为行政、军事、财政、司法监察和为皇室服务的机构等五个系统。

从行政系统看，最高长官仍为宰相，其特点有二，一是官名变化多，二是权力小于前代。宋初，沿唐后期和五代制度，设中书门下。中书门下设于宫中，又称政事堂，为正、副宰相治事之所。正宰相称同中书门下平章事，副宰相称参知政事，各设一至三人。下设孔目、吏、户、兵礼、刑等五房，置检正五房公事、提点五房公事等官，处理具体事务。神宗元丰五年（公元 1082 年）改革官制，撤销中书门下，恢复唐初三省六部制度，以尚书左仆射兼门下侍郎为左相，尚书右仆射兼中书侍郎为右相，以门下侍郎、中书侍郎、尚书左右丞为副相。徽宗时候，改左仆射为太宰，仍兼门下侍郎，称首相；改右仆射为少宰，仍兼中书侍郎，称次相。钦宗时候，恢复元丰制度。高宗建炎三年（公元 1129 年），又以左、右仆射兼同中书门下平章事为宰相，参知政事为副宰相。孝宗乾道八年（公元 1172 年），改左、右仆射兼同中书门下平章事为左、右丞相，仍以参知政事为副宰相。北宋相权小于前代，远不如汉、唐，这是因为北宋初叶推行了二府三司共同治国的权力体系，军政由枢密院掌管，财政由三司掌管，宰相只是行政首脑。同时参知政事定为宰相副职，也形成了对宰相的有力牵制。元丰改制虽然取消三司，但二府“对掌大政”的局面并没有彻底改变。

北宋前期，三省六部二十四司几同虚设。《宋史・职官志》记：

中书令、侍中、尚书令不予朝政，侍郎、给事中不领省职，谏议无言职，起居不记注，中书常阙舍人，门下罕除常侍，司谏、正言（即唐朝拾遗、补阙）非特旨供职，亦不谏诤。至于仆射、尚书、丞、郎、员外，居其官不知其职者十常八九。

这些官称失去了原有的意义，已不代表具体职务，仅作为官品高低、俸禄多寡的依据，称为寄禄官，以至“使天子之大有司，废为闲所”（《文献通考·职官考六》)，而真正权力转向一些新设置的机构。如掌管军政的枢密院，总管财政的三司，掌管制、诰、赦、敕、图书的学士院，掌受天下奏状、案牍及颁布命令的银台司、通进司、发敕司，负责中下级文武官员任命、考核、黜陟的审官东院、流内铨（简称铨司）、审官西院、三班院，负责礼仪的太常礼院等。元丰改制后，除少数机构外，这些机构大多陆续被撤销，从而恢复了三省六部二十四司的职能。原中书门下之权分属三省，中书省取旨，门下省覆奏，尚书省施行。三省成为最高政务机构。六部除兵部外，其他五部也得到充实，特别是吏部，不仅管中低级文官，而且管武官，职权比唐代有所扩大。南宋时候，中书省与门下省合并为中书门下省，与尚书省实为二省，但习惯上仍称三省。三省不另设长官，由宰相、副相通治或分治三省事务。六部设官减少，各部或由尚书或由侍郎主持部务。二十四司亦有所省并。

宋朝寺监设置有太常、宗正、卫尉、太仆、大理、鸿胪、司农、太府九寺，国子、少府、将作、司天、军器六监。北宋前期九寺六监中，除大理寺、国子监、司天监、都水监、军器监外，与三省六部情况相仿，名存实亡，职权被其他机构夺取。元丰改制后，撤销司天监，另设太史局，九寺五监始各专其职，设官职掌，一如唐制。但各寺职务繁简不一，《尘书·谐谑》记载：太府寺因所隶事务繁多，有“忙卿”之称；司农寺因所掌仓库分布很广，有“走卿”之称；光禄寺因掌酒醴膳馐，有“饱卿”之称；鸿胪寺掌四邻各国朝贡，而宋朝国势弱，朝贡者少，有“睡卿”之称。南宋时候，各寺监有所省并，如鸿胪寺、光禄寺并入礼部，卫尉寺、太仆寺并入兵部，少府监、都水监并入工部。

从军事系统看，北宋中央可称为枢密院——三衙体制。枢密院是总管全国军事的最高行政机构，与中书门下并称二府。枢密院的职责是：“掌军国机务、兵防、边备、戎马之政令，出纳密令，以佐邦治。凡侍卫诸班直、内外禁兵招募、阅试、迁补、屯戍、赏罚之事皆掌之。”(《宋史·职官志二》）枢密院长官为枢密使或知枢密院事，次官是同枢密院事或枢密院副使，资历再次者则称签书枢密院事或同签书枢密院事。枢密使的地位相当于同中书门下平章事，副使相当于参知政事。枢密院主次官与参知政事同称“执政官”。宰相与执政官又合称“宰执”。枢密院下设兵、吏、户、礼诸房，置都承旨、副都承旨，分管各种具体事务。宋朝枢密院与唐朝枢密院不同的是长官多由文人担任，不用宦者，武将任此职者也极少，仅曹彬、王德用、狄青数人。枢密院有调兵之权，但不直接统领军队。掌管禁军的是三衙。宋初沿用后周制度，设殿前司与侍卫司。但殿前都点检、副都点检与侍卫司的都指挥使、副都指挥使、都虞侯，逐渐不再任命。以后，侍卫司又分裂为侍卫马军司和侍卫步军司，与殿前司合称三衙。三衙长官都称都指挥使，副职有副都指挥使、都虞侯。其属有指挥等武官。宋初三衙长官有统兵出征者，后来则无。枢密院与三衙互相牵制，平日枢密院掌握调兵权，三衙掌握管理训练权，统兵出征时则另外遣将，三者都不能拥兵自重，从而防止了宋代兵变的发生。

从财政系统看，国家财政管理的主要机构是三司（户部）和内库。三司指盐铁、度支、户部，唐朝分立（偶有合设），五代合一，宋初沿五代旧制，为总管全国财政的机构，号称计省，地位仅次于中书门下和枢密院。三司及盐铁、度支、户部三部各设正使、副使、判官。三司使称计相，地位略低于参知政事。元丰改制时，撤销三司，分其职于尚书省户部。三司使则由户部尚书取代。但全国财政大权又绝非尚书省所属户部所能全面管理，所以北宋后期又有总领财赋官及经制使。经制使主要掌管东南财政。如果说三司或户部是皇帝间接控制的国家财政机构，那么内库则是皇帝直接控制下的财政机构。内库始于太祖建封桩库，太宗时候扩大为内藏库，以后内藏库规模不断扩大，收入大，支出广，朝廷重大的财政开支多仰仗于内库。内库的主管，多为内臣或专门委派的朝臣，宰相、三司（户部）皆不得过问。

从司法系统看，北宋前期有刑部、大理寺、御史台和审刑院。大理寺是审判机构，负责详断各地奏报案件。刑部掌刑法狱讼。不过北宋前期刑部职权多被侵夺，或由他官兼理，或由御史台来审断。御史台有推直官和推勘官，负责司法方面的事务。审刑院设于宫中，有知院事一人和详议官六人，“掌详谳（yan 艳）大理所断案牍而奏之”（《宋史・职官二》）。北宋前期，凡案件经大理寺审断，报审刑院复查，由知院事和详议官写出书面意见，上报中书，奏请皇帝裁决。事实上审刑院侵夺了刑部复审权，成为皇帝直接控制下的最高司法机构。宋神宗熙宁三年（公元 1070 年），诏令审刑院并入刑部，重新恢复刑部和大理寺为最高司法机构。元丰改制后，刑部设尚书、侍郎、郎官、员外郎和都官郎中、比部郎中、司门郎中等官职；大理寺置卿、少卿、正、推丞、断丞、评事、主簿等官职。宋代大理寺的特点是内部分左、右二寺，左寺断刑（判决），右寺治狱（审问）。审问与判决分别由不同机构官员担任，可以互相监察，保证司法的质量。

最高监察机构仍是御史台。名义上的最高长官是御史大夫，只是作为加官，授予其他官员，真正的长官是御史中丞。下属机构与唐朝相同，有台、殿、察三院。与唐朝不同的是，宋初监察职务多由他官兼领，御史常为寄禄官，实际任职者很少。元丰改制，始正其职。此外，宋朝监察御史无分察地方之责，主要是监察尚书六部。与御史台职能相近的有谏官。宋初沿唐制，设左右谏议大夫、补阙、拾遗。宋太宗时候，改补阙、拾遗为司谏、正言。这些官职，虽名为谏官，但无诏令并不任事。宋仁宗初年（公元 1023 年），正式成立谏院，长官称知谏院事，以司谏、正言充任。元丰改制，废谏院，以左右谏议大夫、司谏、正言任谏职，分隶门下、中书两省。高宗建炎三年（公元 1129 年），复设谏院。宋以前各朝台（御史）、谏（谏官）职责分明，宋朝开台谏合一之端。谏官并不单任谏职，也常纠举弹劾大臣；御史台御史除主监察外，也有进言规谏之责。二者虽各有侧重，但事权常常相混，故并称台谏。

宋承唐制，也设有翰林学士院。唐朝翰林学士院不是国家正式机构，宋朝则正式成为国家机构。学士院中有翰林学士若干。学士中资历深者称承旨。入院未授学士衔的称直院。如学士缺，他官暂代学士职务的称权直。冠有翰林之名而不属学士院的有翰林侍读学士、翰林侍讲学士，以在皇帝左右进讲书史为职。宋代翰林学士待遇优异，地位仅次于正副宰相、枢密使和三司使，为群臣所仰慕。原因有二,一是职事重要，皇帝青睐。学士院地处宫禁，负责起草朝廷制诰赦敕等各种重要文书，同时备皇帝顾问，往往能以个人的意志影响皇帝。二是军政二府首脑多为翰林学士出身，是一般官员所企盼的职位。此外，宋朝还新增设殿阁学士。某某殿（如观文殿）大学士、学士，一般都资望极高，多为执政大臣的荣衔。又有龙图阁、天章阁等藏书处，各置学士、直学士、待制、直阁等官。这些官员的职责是管理秘籍，为文学侍从之臣。不过朝官外出也往往加某某阁学士的头衔，以示恩宠。北宋著名政治家、清官包拯，经常用龙图阁直学士，就是这类官称。

为皇帝服务的宦官机构有入内侍省和内侍省。入内侍省，设都都知、都知、副都知、押班等，掌管宫廷内部生活事务，与皇帝、皇后最为亲近。内侍省，设左右班都知、副都知、押班等，掌管殿庭洒扫等杂役。

（二）地方管理制度

宋朝位于与周边多个民族政权共存的分裂的时代，这一时期的地域管理的措施是同时期内一个国家的时代特征。宋朝的地域管理措施呈现出多个多样性相统一的特点，宋朝最初是州、县两级地方官制，宋太宗以后发展为路、州、县三级制度。路府州县制，其中路级行政区制度是我国古代行政制度中较为特殊的一部分，对后世产生了巨大的影响。宋代最低一级的地方行政机构是县，设县令为其长官。由于常常派京官带本官的职衔去掌管一县之事，称知某县事，简称知县。还有县尉，负责一县的治安。县之上为州，州的长官是朝廷委派文职京官前来“知某州事”的，所以又简称知州。为了吸取唐末地方藩镇割据的教训，加强中央对地方官的控制，又由朝廷派通判到各州，名义上是知州的副手，实际上一切州事必须由知州和通判联合签署方才有效。通判位秩低于知州，但可以监督知州，并且可以直接向皇帝报告情况。

地方与中央权力之间的矛盾围绕着着封建主义社会发展的全部进程，根据这一特点，北宋前期，对前朝的各处官制进行大刀阔斧的改革，分割权力，进行督查，完善审核机制，但这些措施不能完全的制度化，否则极易受上层阶级个人素质的影响，使权力不能得到有效的制约，容易造成官员的无良与腐败。这极大地受到封建主义权力集中制度下的王权绝对权威的影响。

宋太宗至道三年（公元997年），改道为路，凡十五路；仁宗初年，析为十八路；神宗元丰八年（公元1085年），增至二十三路；徽宗时候又增至二十四路；南宋仅存十七路。宋朝的路不同于汉代的州，也不同于唐代的道，具有地方监察区和行政区的双重性质。路的主要机构设置有安抚使司、转运使司、提点刑狱司、提举常平司等。

安抚使司，最初为临时性机构，以后逐渐成为常设机构。北宋各路不全设，南宋时普遍设置。长官为安抚使，通常由本路最重要的州府长官兼任。主管一路军政，同时也兼理民政。南宋前期，安抚使为路的第一长官，战时，可以“便宜行事”。宁宗以后，兵政归都统制司，民政分属其他各司，安抚使有职无权。安抚使俗称“帅臣”，官署俗称“帅司”。

转运使司，最初也是临时机构，宋太宗时候改为正式机构。长官是转运使。转运使全称为“某路诸州水路计度转运使”。若兼任两路以上，官位较高，则称都转运使。副长官有转运副使、转运判官。主管一路或数路财政和漕运。转运使俗称“漕臣”，官署俗称“漕司”。《宋史》中：“掌经度一路财赋，而察其登耗有无，以足上供及郡县之费；岁行所部，检察储积，稽考帐籍，凡吏蠹民，悉条以上达，及专举刺官吏之事。”除了负责将地方财赋转移到中央，还兼具督查州县官吏的责任。宋太宗年间，进一步赋予其合法的司法和行政权力，从而具备了全面管理州县事务的能力，形成了州以上的一级地域管理机构，成为了路制演变的一个重要进程。

提点刑狱司，设于宋真宗景德四年，与转运使司同级并列，成为高层行政组织，依照区域划分其所对应的路分区划掌管各路司法事务。《宋史》中："掌察所部之狱讼而平其曲直，所至审问囚徒，详覆案牍，凡禁系淹延而不决，盗窃逋窜而不获，皆劾以闻，及举刺官吏之事。"

提举常平司设于神宗熙宁二年，管理常平仓和榷茶榷盐等，约与提点刑狱司分路。

宋朝最高级行政区划路制的最大的特点，就是设转运、提点刑狱、提举常平、安抚司四个机构。前三个机构合称"监司"，安抚司又称"帅司"。四司之间互不统属且互相监督，都直接对皇帝负责。

三种监司之间既有分工职责明确，又有合作，呈现"叠床架屋"的结构。例如诉讼，三类监司皆对各路负有司法上的管理之责，但最终地方民事诉讼都要送往刑狱司终审处理。而且同类事务有多个机构参与或在不同阶段介入，是为了各机构之间能够互相监管、互相牵制。自景德年间提点刑狱司与转运司并立，路制的基本骨干已经出现，宋朝政权在路一级实行分权体制的本意也显现出来。宋朝借鉴前朝，在早期就充分体现出对分权制衡的重视，这是历朝历代所没有的。

宋朝的官员组成复杂，分别由差遣、本官阶、散官阶、勋官、爵位，贴职等组成。宋太祖建立宋朝开始，就对中央官制做了调整。中枢官制是中央集权的轴心，其特点是用设官分职、分割各级长官事权的办法来削弱其权力的。

宋太祖、宋太宗统一五代十国的过程中，留用了大批各国旧官员，使他们保持官位，领取俸禄，但不使掌握实权（只对其中认为可靠者安排一些实际职务）；对于宗室、外戚、勋旧，也仅授予高官，优加俸禄，而不给实职。这样，有些官只是空名，所谓"官"，其概念只是拿俸禄而已。宋真宗时，便把这些措施加以制度化。一般官员都有官和差遣两个头衔，有的官还加有职的头衔。官阶，按年资升迁，即使不担任差遣，也可依阶领取俸禄；而差遣则根据朝廷的需要和官员的才能，进行调动和升降；每个官署彼此互相牵制，任非其官的情形很普遍；职，是指三馆（昭文馆、史馆、集贤院）和秘阁中的官职，如大学士、学士、待制等。宋神宗元丰三年（公元 1080 年），官制改革后，撤销馆职，另设秘书省职事官，自秘书监丞、著作郎以下，都称馆职。其他文臣兼带馆职，武臣带阁门宣赞舍人，则称“贴职”。

宋朝，决定官员实权的不是官阶，而是差遣；贴职是授予较高级文臣的清高衔头，并非实有所掌。元丰改制时曾废掉差遣以本官实任，以散官阶定俸禄。官称和实职的分离，使朝廷内外大批官员无所事事，三省、六部、二十四司名义上都有正式官员，但除非皇帝特命，不管本部的职事。《宋史·职官志一》说：故三省、六曹、二十四司，类以他官主判，虽有正官，非别敕不治本司事，事之所寄，十亡二三。又说：仆射、尚书、丞、郎、员外、居其官，不知其职者，十常八九。这样，各级官府层次重复，叠床架屋，机构空前庞大。但是，却有利于皇帝直接控制用人大权，他可以随时提拔官阶较低而有才能者担任要职，也可随时撤换无能之辈。历代的官制，宋朝大多保留下来。《宋史·职官志一》云：宋承唐制，抑又甚焉。三师、三公不常置，宰相不专任三省长官，尚书、门下并列于外，又别置中书禁中，是为政事堂，与枢密对掌大政。

二、元代

（一）中央管理制度

忽必烈建立元朝后，疆域版图空前。彼时的元朝北抵北冰洋，东北到库页岛，西达匈牙利，南与缅甸接壤。至此，蒙古汗国时期的户长制已经不再适应封建制度高度发达的中原地区。为了加强控制，元朝在全国范围内推行中央集权，以中书省分驻地方，称行中书省（简称行省）。

元朝政治制度与金朝一样承袭宋朝制度，采取文武分权的制度，以中书省总理政务，枢密院掌管兵权。然而元朝的中书省已成为中央最高行政机关，元朝不设置门下省，尚书省时设时不设，仅元世祖时期与元武宗时期有设置，所以门下省与尚书省的权力皆交给中书省。

中书省统领六部，主持全国政务，形成明清内阁制的先驱。其组织架构继承南宋体制，宰相的称呼共有中书令、司统率百官与总理政务等，常以皇太子兼任。下分左右丞相，中书令缺则总领中书事务。平章政事又居次，凡军国重事，无不参决。副相方面有左右丞、参政等。六部共有吏部、户部、礼部、兵部、刑部与工部，内有尚书、侍郎。尚书省主要负责财政事务，不过时置时废。

枢密院执掌军事，御史台负责督察，与宋朝制度大致相同，然而在地方设有行中书省、行枢密院与行御史台。此外又有掌管学校的集贤院、掌管御膳的宣徽院、掌管驿传的通政院，其他还有太常礼仪院、太史院、太医院与将作院，略前代的九寺诸监。最后新成立的是宣政院（初名总制院），负责佛教及吐蕃（今西藏）地区军政事务，这是前代所没有的。

1. 官制

官员选拔制度是国家制度中的一项重要内容，蒙元时期，统治者有着自身民族特点的任官制度，进入中原后又吸收中原王朝选官制度，形成了具有蒙元特色的选官制度。那么，元朝是如何选官的？

作为一个以武立国的政权，为了实现长治久安，元朝统治者在官员选拔上采取了多种制度，铨选制度、宿卫出职、由吏入仕、科举取士和荫叙制度是主要的入仕途径，同时还有荐举、国学贡举、纳粟补官等。正因为这样，元朝的统治者把大量的人才集中到中央和地方政权中，发挥他们的聪明才智，以维护元朝廷的统治。

第一，元代的铨选制度。在蒙古国时期实行千户军民一体的体制，在前四汗时期并没有确立相应的选官制度。在忽必烈即位以后，由于受到汉文化的影响，元世祖忽必烈在中统初年："始采取故老诸儒之言，考求前代制典，立朝廷而建官府。辅相者曰中书省；本兵者曰枢密院；主弹纠者曰御史台。以次建置内外百司庶府，各因其事而举矣。"

朝廷的军、政统治机构，主要由中书省、枢密院和御史台构成。在至元元年（公元 1264 年）十二月，罢诸侯世袭。从这开始，任命、迁调各级官员的权力，基本上收归朝廷。

根据《元典章》卷七"内外诸官员数"条统计，元代职官员共有 26690 名。其中入流品职官 22490 名，包括内随朝官 2089 人、京官 506 人、外任官 19895 人；有品级但不入流杂职官 4208 人，包括儒、医、蒙古学、阴阳诸学教授，以及其他不系常调的杂职官员（如仓官、税务官、匠官等）。

官员品级设为九品，每品又分为正、从二等。其中由九品上至六品的以敕牒委任，由宰相押字，称作敕授；由五品至一品则以皇帝亲赐命诰委任，称作'宣授'；二品以上官均选自特旨，故委任时多有诰词。按规定，凡入流品职官，都可能"自九品依例迁至正三品"，进入正三品以后，则只能于本等流转，如果没有皇帝特旨，无法再进一步升迁。

至于二品以上职官入选，则按制度形式，更是完全出自皇帝圣裁。除三品以上职官外，皇帝当然也可以通过颁发特旨的方式委授其他官职，时人称为"别里哥选"。三品以下职官的迁调，按定制当由中书省或吏部拟定。

元代入仕的途径主要有四种，一是宿卫出职，二是吏员出职，三是科举，四是承袭和荫叙。

第二，宿卫出职。大蒙古时期，怯薛是大汗的护卫军，同时又负责大汗的日常起居，在忽必烈即位以后，进行体制改革，但是怯薛制度却被保留了下来，这种制度一直坚持到元末。早在成吉思汗时期，宿卫组织除了执役内庭、环卫帐殿以外，就已承担着协助大汗和大断事官处理国务的职能。

入元以后，怯薛成员继续保留着漠北旧制所赋予的参决政事的特权；怯薛的主要成员是蒙古、色目和贵族官僚子弟，“近侍多世勋子孙”，怯薛的职位是世袭的，怯薛成员在宫廷内服役一定时间，就会由皇帝任命出任中央和地方上的各种官职。由宿卫出职登仕者，并不是完全离开怯薛组织去作官，其怯薛成员的身份并没有改变。但是由于怯薛成员出身世家子弟，文化素质比较低，成为元代贪污之气风行的一个重要原因。

第三，由吏入仕。元代的高级官员大多出自半世袭化的蒙古、色目以及较早投效元廷的汉人，所谓“贵戚世臣、军功武将”，在元代的中下级官员中以吏出职占绝大部分，所以元人说：“我元有天下，所与共治，出刀笔吏十九。”从北宋开始吏员在国家行政运作中的作用日渐增强，南宋时受到压抑，在金朝吏员出职制度逐步完善。

蒙古征服各地的过程中，蒙古人长官擅长骑马射箭，对汉地之事不懂，往往求助于当地吏员。在铨选制度不太完善而补注官缺的实际需要又相当迫切的情势下，“吏之取效，捷于儒之致用”。由吏出职任官的途径便自然畅通了。元初制度多承袭金制，由吏出职，也制定了一系列的制度。

元代前期，吏员逐级晋升，最终任职地方官的速度有时极快。忽必烈朝之后，由于官吏冗滥，由吏入仕所需时日变长。但是因为长期停办科举，即使恢复科举制度后，由吏入仕的格局也并没有改变，因为取士人数过少，“科举取士，三年止百人。今吏属出身，一日不知其几”。

对于一般没有社会背景的人来说，通过吏职进入仕途是一种较好的选择。在当时这以吏员出职风气的影响下，各路府州司县民家子弟，多不攻书，而是学习吏文，以求速进。

第四，科举取士。蒙元时期，公元1237年耶律楚材就曾经进言说：“制器者必用良弓，守成者必用儒臣。”在第二年窝阔台就在各路举行考试选取儒士。实行科举制以后，国学生岁贡制度也部分地被纳入科试体系。

元代，科举制度对官僚构成的作用和影响，与它的前后王朝相比，都是比较微弱的。

科举人数是古代封建社会实行科举以来的最低的，并且实施的时间短，规模小。除了规模的狭隘以外，元朝科举制度还有两个明显的特点。其一，优待“国族”，压抑“汉人”和“南人”，人数上占很少数的蒙古、色目人与人口众多的“汉人”“南人”录取名额相等，中选的机会就大不相等了，有较强烈的民族歧视色彩。其二，元朝规定的科举考试的科目注重实用性。蒙古人起自漠北，民风简朴，崇尚实用。他们认为以文学考试进入仕途的人，既没有管理国家诸多实际事务的实践经验，又缺乏统筹全局、处理紧急事物的能力，整天吟诗作画过着一种颓废的生活。元仁宗虽为了改革官制而实行科举，但他极力反对以词赋取士。

第五，荫叙制度。荫叙制度是一种借父祖功绩循例入仕的制度，官僚的子弟可以凭借父亲的地位，得到一定的官职。这是历代封建皇朝普遍实行的办法，凭借父祖入仕，是中国古代选官制度的重要组成部分，是官僚集团享有的特权之一，是适应统治者需求，为了维护统治的稳定而服务的。

在元代世袭和荫叙对元代选官和社会都产生了深远影响，怯薛是元代独特的一种选官方式。且怯薛组织和成员承袭在元代中起着积极的影响。怯薛的主要职位是保卫大汗的金帐和分管汉廷的各种事物，他们职掌世袭。

怯薛的成员根据接近天子的程度分为“预怯薛之职而居禁者”和“宿卫之仕”，在元代担任怯薛是世家子弟入仕的一条捷径在忽必烈改制以后其成员一般是由三品以上的官员子弟充任，世家子弟可以不受任何官资的束缚而直接进入仕途。

元代的世袭和荫叙对元人的仕进产生重要影响，元代是中国古代社会比较特殊的时代，在北宋以后已由“门第社会”转变为“科第社会”。世家大族已衰败不堪，世胄占居高位，英俊下沉的现象大为减少。统治菁英的甄选主要是靠科举制度。

在元初由于官源较为充足，设立科举取士的需要不甚紧迫，元统治看到科举取士的流弊，难以取得他们的信任。在元代用人选官重根脚，这些根脚深重的家族在蒙古建国的过程中建立功勋，并早与皇室建立私属主从的关系，其子弟世享封荫特权。

元朝不急于采取科举，直至延祐二年（公元 1315 年）才恢复科举，而进士录取的人数有限。在五十年间，前后一共举行十六次科举，录取的人数总共不过一千二百人，仅占当时官员的百分之四点三。科举仅为选用官员的辅助方法，而不是主要方法。科举的时断时续，堵塞平民儒士靠科举上升的道路，而且那些靠科举进仕的人员并未获得重用，元代仕进多居于下僚，是无法和根脚子弟相争的。进士以六品至八品起官，最后大多也以中级官职终仕。为了保障蒙古人与色目人，汉族的考试偏难，并且只能获得一半的名额，这也让蒙古与色目子弟失去了学习汉族文化的积极性和进取精神。虽然这是聊胜于无的科举，但在形式上已经恢复，汉族士大夫莫不对元廷忠心耿耿。在元朝灭亡之际，舍身殉国的就有很多是科举出身者，可见科举复办对怀柔汉族士大夫有一定效果。在元代蒙古人与色目人做官的捷径是充当怯薛宿卫宫禁。

2. 行省制

元朝是中国蒙古族建立的一个朝代，其疆域空前广阔，达到了中国封建社会的顶峰。元朝政府为了更好地管理广阔的领土，采取了一系列的制度措施。其中，行省制度是最为重要的一项。

在元朝之前，中国的行政区划主要是州县制，由中央直接管理。但是，由于领土广阔，州县制已经无法满足管理需要。因此，元朝政府采用了行省制度，将全国分为 10 个行省，由行省丞相负责管理。行省制度不仅有助于加强对地方的管理，而且也有助于维护元朝的中央集权。

行省制度的核心是行省丞相的设立。行省丞相是由元朝皇帝直接任命的高级官员，负责管理行省事务。行省丞相下面还有行省参知政事等官员，共同负责行省的管理工作。

元朝的行省制度分工明确，各部门之间相互协调，保证了行政工作的顺利进行。行省设丞相、左右丞、参知政事等官职，分别负责行政、财政、军事等方面的工作。

行省的职责：行省的职责主要包括以下几个方面：

管理地方行政事务。行省负责管理地方的行政事务，包括财政、税收、治安等方面。

管理地方军事事务。行省也负责管理地方的军事事务，包括守卫边疆、防御敌人入侵等方面。

领导地方水利工程建设。元朝政府重视水利工程建设，行省负责领导地方水利工程的建设和维修。

处理地方公文事务。行省负责处理地方公文事务，包括颁布政令、调查情况、接待来访者等。

元朝的行省制度具有管辖权，可以对各地进行行政管理。行省制度下的行政区划包括省、府、州、县等，层层管理，形成了一个完整的行政体系。

元朝的行省制度具有独立性，可以自主制定政策，处理地方事务。行省制度下的行省、府、州、县等各级官员，都由皇帝直接任命，行省制度对皇帝负责。

行省是元朝政府管理地方的重要制度，但是行省与中央的关系也非常重要。元朝规定，行省丞相必须由皇帝亲自任命，而且行省丞相的任期只有三年，三年之后必须进京述职。此外，行省丞相还必须向皇帝报告地方政务，以便皇帝了解地方实际情况，更好地作出决策。

元朝行省制度起到了积极的作用，对元朝的行政管理和国家的统一起到了关键作用。行省制度有助于加强对地方的管理。元朝政府将全国分为十个省份，由行省丞相负责，加强了对地方的管理和控制，有助于维护中央集权。行省制度有助于改善行政区划。元朝政府实行行省制度，使之更加符合实际需要，从而有助于更好地管理地方。行省制度有助于推动地方经济的发展。元朝政府通过加强对地方的经济管理，促进了地方经济的发展。特别是在水利工程建设方面，行省负责领导地方水利工程的建设和维修，给予地方经济发展的重要保障。

元朝行省制度还存在一些不足之处。行省制度容易导致地方权力集中。由于行省丞相是由皇帝直接任命的，而且任期只有三年，三年之后必须进京述职，因此行省丞相往往不会考虑地方实际需要，而只顾及中央利益，导致地方权力分散，不利于地方行政管理。行省制度容易导致腐败。由于行省的职责很多，权力很大，而且缺乏有效的监督和制约，因此很容易产生腐败现象。一些行省官员为了谋取私利，不惜贪污腐败，损害地方利益，加剧了社会矛盾。行省制度对地方文化的保护和传承不利。元朝行省制度将地方文化分割开来，导致地方文化的交流和融合受到限制，不利于地方文化的保护和传承。

元朝行省制度在元朝后期逐渐衰落，主要表现在以下几个方面：

行政效率低下。由于元朝行省制度的分工不明确，各部门之间缺乏协调，行政效率低下，导致行政成本增加，政府财力不足。

贪污腐败现象严重。元朝行省制度下的各级官员贪污腐败现象严重，导致政府财政收入减少，影响了行政工作的正常运转。

地方独立性增强。元朝行省制度在地方行政方面具有一定的独立性，这导致一些地方势力逐渐强大，与中央政权产生了矛盾，影响了国家的统一和稳定。

行政区划混乱。元朝行省制度在行政区划方面存在混乱现象，一些行政区划过大或过小，导致行政管理不便，增加了政府财政负担。

元朝行省制度是中国封建社会发展历程中的一个重要阶段，具有深远的历史意义。行省制度可以加强中央对地方的控制，是因为行省的所有事物都在中央的管辖范围内，比如行省的官员是中书省任命的，行省没有任何可以任命的权利；行省的财务，也只是中央的中转站，因为元朝行省制规定，所有行省的财务支出都由中央支付，因此行省征收的钱财都必须上交，各个行省只能够留一小部分，也就是行省还要向中央缴纳赋税，这样就可以避免地方上对于财务的过分控制，也可以使中央国库的财务不会空缺；最重要的是，行省是不可能有任何军权的，因为元朝的军权牢牢掌握在中央，不可能给地方割据任何机会。

行省制度对于地方的影响对大多数是正面的，因为元代行省制度选出的地方官员有好几位，让他们再决定重要事务的时候一起商量。这样就避免大权独揽一人之手，让他们的权利相互制衡。与此同时，又设置监察机构，比如御史台。这些都可以监督地方官员的行为与政绩。中央就可以了解到地方官员真实的情况，这样就不会让中央下达的命令到地方的时候就变味了。因此元朝行省制度使地方百姓的生活更好一些，因为中央下达的各种优惠政策都可以实实在在的用在老百姓身上，尽管在过程中可能还是会有一些官员从之获取蝇头小利，但那都无伤大雅，到最后百姓还是可以享受到那些优惠政策。

元朝行省范围的划分是没有规律可言的，而是随意地对地域进行划分，这样划分范围，不仅可以避免地方割据势力的产生，而且可以让划在一起的不同地区，进行文化上的交流，也就加强了它们之间的文化交融，正是这些文化的交流，才渐渐有了今天所看到的各地文化，当然，唐太宗时期的民族文化交流做得也非常出色。而且那些地区少数民族比较多，可以促进民族之间的文化交流为今天的民族团结也作出了很大的贡献，本身元朝的少数民族数量就很多，那么各个民族之间团结了，这在一定程度上也会促进国家统一，所以单从文化方面来讲，元朝行省制度，对今天的民族团结也是做出了很大的贡献。

元代行省制度规定行省的开支由朝廷管控与支出，所以各个行省从路、州、县征回来的钱财都必须上交朝廷。因此，这在一定程度保证了地方不会因为财力过于强大，与中央对抗，而且可以保证中央的财政没有空缺的问题，才可以保证国家的长治久安。

元朝行省制度推动了地方经济的发展。元朝行省制度加强对地方的经济管理，促进了地方经济的发展，特别是促进了水利事业的发展，为明朝时期的农业和工业发展奠定了基础。

（二）地方管理制度

除大都周围的河北、山东、山西、河南北部，内蒙古中部、东部地区，邻近京师的"腹里"之地和吐蕃等少数民族地区直隶于中书省不设行省外，全国计设行省 11 个，分别为岭北、辽阳、河南、陕西、四川、甘肃、云南、江浙、江西、湖广、征东。此外，边疆地区设管理少数民族事务的行省 4 个。元代的行中书省设置之初，往往与军事征伐紧密结合，有行军则有行省，如元征伐交趾，则设"征交趾行省"。到至元十三年（公元 1276 年）行省才逐渐演化为地方行政的最高机关。行省之外，又设济宁、彰德、陵州、冀宁、保定、山东、大同、真宁、建宁、泉州等 11 个分省。有的分省直隶于中书省，有的受各行省辖制。分省地位较省低，管辖范围也较省小。行省的职掌范围很广，"凡钱粮、兵甲、屯种、漕运、军国重事，无不领之"。各行省机构内设置丞相 1 员，平章政事 2 员，左右丞相各 1 人，以及参知政事、郎中、员外郎等职位。行省这一地方行政管理机构的确立，是对我国秦汉以来的地方机构建置的重大发展和完善，成为我国地方机构设置史上的一次重大革新，为明清乃至现行的行政区划奠定了基础。同时，这种"意在镇压"的机构裹挟着浓厚的军事封建主义色彩，使之成为一种新的军政合一的地方政权。

元代在行省之下设路、府州、县。路隶属于省，内设有总管府。元初用兵，每征服一地，州设安抚司"掌军民之务，分道以郡县"。待政治稳定，战事平息，遂改安抚司为路。至元二十年（公元 1283 年），定十万户之上的为上等路，十万户之下的为下等路。如果其地理位置重要，也视为上等路。此外，元代还在不宜设安抚司而又不足设路的地方，设散府、散州。散府、散州的地位和权力仅次于路。路领府州，府州领县。除属于府州的县外，还有路直辖县，以及路的治所临近地区的院、司机构。路为府州、县的上级行政机关，所辖区域内的府州、县之政务，事无巨细，无不总领。

宋朝计设路 18 个，且为第一级地方机构，设路最多的宣和年间，也不过 26 个。而元朝则将路降为第二级地方机构，计设路 185 个，是前朝所无法比拟的。这种机构设置方式，划小了管辖区域，便利了统治。

元代的府隶属关系十分混乱，有隶属于诸路的，有隶属于行省的；有统州县的，还有不统州县的。隶属于行省的叫直隶府，隶属于路的叫属府。元朝计有直隶府 22 个，属府 11 个。属府直隶府均为散府。

州分为直隶州和属州。元共设属州 300 个，直隶州 59 个。元朝把县分为四种：路县（直隶于路）、府县（ 直隶于府）、州县（属于直隶州或属州）、路府州县。在少数民族和边疆地区，还根据各族特点设置宣抚使司、宣慰使司、安抚使司、招讨使司和宣慰使司都元帅府，从行政隶属关系看，这些机构统属于中央的宣政院。然因其“掌军民之务，分道以总郡县”，在政务上与行省也有一定关系。这种管理体制有利于加强中央对边疆和少数民族地区的治理，是民族地方管理机构设置的重大进步。元朝在少数民族和边疆地区所设置的使、司机构，其官员编制一般都设有使、同知、副使、经历、都事等员，由达鲁花赤任最高监临官。使、司以下还设有万户府、千户所、百户所等机构，由达鲁花赤、万户、千户、百户任长官。

元朝的地方行政机构，无论是中原农业区的省、路、府州、县的四级制，还是少数民族和边疆地区的“使、司”机构，都进一步加强了中央对地方和边疆的控制，巩固了国家的统一。省、路、府州、县的四级组织是对秦汉以来郡县制的发展，是我国明清以至近代地方机构设置的雏形。少数民族与边疆地区的“使、司”制，也极大地增强了地方对中央的向心力，促进了边疆与内地的联系。元朝地方机构建设的成就，不仅有利于我国统一多民族国家的发展，也消除了封建势力赖以进行割据的基础。自元朝以来，虽然社会上曾经出现过多次社会动乱，但始终没有形成封建割据的分裂局面。除有政治、经济等原因外，地方行政机构建制的完善也发挥了重要作用。

第四节　明清两代

明、清两代体制是一个连续性体系。在明朝初期，明宗制定了法律，建立了一个接近600年的朝代体系。明朝政府权力的扩张，是我们对明朝政府机构制度认识的起点。随着宰相制的消亡，以及皇帝权力的扩张与巩固，明代的政治体制呈现出诸多特征。废除了宰相制，破坏了原来的君主专制和官僚体制之间的关系。在国家内部，以内阁和六部为中心，相互独立、相互制约的管理决策体系，有利于皇权的加强；而在废除这个制衡朝廷权力的关键部门之后，以“廷议”“廷推”等为代表的官僚群体对皇帝权力的“联合”约束机制逐步成型。在行政管理体制上，行省体制在元朝建立的基础上得到了发展和完善，并建立了三司分治和一个监察体系。清朝延续明朝的制度。不过，内阁的权力再次被拆散，军机处脱离了内阁制，凌驾于内阁之上，在中央制定政策。

一、中央管理制度

（一）明朝时期的中央管理制度

明朝政府的中央官制，在洪武初年，仍沿袭汉唐旧制。后来随着明太祖统治力量的逐步加强，才定出自己的一套新制度。自古三公论道，六卿分职。自秦始置丞相，不旋踵而亡。汉、唐、宋因之，虽有贤相，然其间所用者多有小人专权乱政。明朝罢相，设五府、六部、都察院、通政司、大理寺等衙门，分理天下事务，彼此颉颃，不敢相压，事皆朝廷总之，所以稳当。以后嗣君并不许立丞相，臣下敢有奏请设立者，文武群臣即时劾奏，处以重刑。这套制度既不是复古也不完全是创新。然而，经过时间的演变，明中期的制度，与初期却大有差别。

1. 三公三孤

明代中枢政务机构初期有三公（太师、太傅、太保）、三孤（少师、少傅、少保）。元代仅置三公，未有三孤。惠帝、成祖时，曾一度废公、孤官，至仁宗时复置。《明会要·职官一》引《弇山集》说："建文、永乐间，罢公、孤官，仁宗即位，授张辅太师、沐晟太傅、陈懋太保；蹇义进少师、杨士奇进少傅、夏原吉进少保。於是公、孤立官备。"

公、孤为皇帝之辅佐官，职位崇高。蹇义、夏原吉、杨士奇、杨荣四人在宣宗时犹受恩宠。《昭代典则》载明宣宗赐玺书说："古者，师保之职，论道经邦，不烦以政。少师义、少傅士奇、少保原吉、太子少傅荣，皆祖宗遗老，畀辅朕躬。今黄发危齿，尚令典烦剧，兼有司之事，非所以优之也。其辍所务，朝夕在朕左右，讨论治理，共宁邦家。其勋阶爵禄并如故。"

自蹇义等以后，公、孤立官无专授，实际上是一种虚衔。中期以后，成为勋戚及文武大臣之加官、赠官。而文臣无生加三公之例，唯死后赠之。万历年间，张居正为太师，实掌朝政，这是特例。

2. 废中书设内阁

明代初年，在中央设立中书省，有左右丞相总理吏、户、礼、兵、刑、工六部事务。随后，朱元璋又对中央统治机构进行了改革。当时中书省大权掌握在左丞相胡惟庸等人手中。他们作威作福，独断专横，"生杀黜陟"，不向皇帝奏明就直接执行。《明史·太祖纪》载，洪武十一年（公元1378

年），朱元璋曾“命奏事毋关白（告知）中书省”。这显然是裁抑中书省权力的一个措施。但胡惟庸等人却不知收敛，反而变本加厉，组织党羽，在外招集军马，并派人勾结倭寇，又向蒙古贵族残余势力称臣，请兵为外应，阴谋武装政变。洪武十三年（公元 1380 年），朱元璋杀掉了胡惟庸等人，并废除中书省及丞相制，分中书省及丞相权力归属六部，相对提高六部职权和地位，由六部尚书直接对皇帝负责，《明太祖实录》卷 129 载：洪武十三年春正月己亥，胡惟庸等既诛，上谕文武百官曰：“朕自临御以来，十有三年矣，中间图任大臣，期于辅弼，以臻至治。故立中书省以总天下之文治，都督府以统天下之兵政，御史台以振朝廷之纪纲。岂意奸臣窃持国柄，枉法诬贤，操不轨之心，肆奸期之蔽，嘉言结于众舌，朋比逞于群邪，蠹害政治，谋危社稷……赖神发其奸，皆就殄灭。朕欲革去中书省，升六部，仿古六卿之制，俾之各司所事。”

洪武十三年九月，朱元璋置“四辅官”，以协赞政事，均调四时。《通纪》载：九月丙午，置四辅官，以耆儒王本、杜佑、袭敩为春官，杜敩、赵民望、吴源为夏官，秋、冬官缺，以本等摄之，位列都督之次。敕以协赞政事，均调四时。月分三旬，人各司之。以雨旸时若，验其称职与否。

不久废去四辅官，并於洪武十五年（公元 1382 年）仿宋代制度，设内阁於殿廷，以大学士担任顾问兼秘书的职务。《昭代典则》说：洪武十五年十一月丙午，初置大学士，以礼部尚书刘仲质为华盖殿大学士，检讨吴伯宗为武英殿大学士，翰林学士宋讷为文渊阁大学士，典籍吴沈为东阁大学士，使侍左右备顾问。又置文华殿大学士，召耆儒鲍恂、余诠、张长年等为之，以辅导太子。

本来，内阁既非官署官，也非职官名。开始只是简任文臣入直文渊阁，参与机务。这些人原官的品秩低，不兼部务，也无官属，不能直接指挥行政，与东汉的尚书、唐代的翰林学士性质略同。久而久之，这些人逐渐升迁，并有了正式的办事处所，大学士本身品秩只有五品，但其所迁任的官往往以至尚书、侍郎，或有加衔至于“三公”者。这样，内阁的地位才逐渐提高。明成祖以后，大学士开始参预机务。《词林典故》说：永乐初，命编修等官，於文渊阁参预机务，谓之内阁，渐升大学士诸职。仁宗或加师、保及尚书、侍郎、卿，仍兼学士、大学士衔。自后因之，称内阁大学士。凡大学士加三师，则为一品；加尚书，二品；侍郎，三品；若未加升而只系大学士者，则仍正五品。

仁宗以后，阁臣之权加重，至世宗嘉靖年间（公元 1522~1566 年），改华盖殿为中极殿，谨身殿为建极殿，大学士的班次列在六部尚书之上。这时，内阁就类似于唐代的中书门下省了。唐代中书门下省官员互称阁老，明代大学士一般也称阁老。内阁大学士虽然表面位尊而权重，但是独立发挥其权力的机会却甚少，因其内受制于宦官，外则用人之权集中於吏、兵两部。《明史·职官志》记载：至世宗中叶，夏言、严嵩迭用事，遂赫然为真宰相，压制六卿矣。然内阁之拟票，不得不取决于内监之批红，而相权转归之寺人。于是朝廷之纪纲，贤士大夫之进退，悉颠倒于其手。由此可见，若以明代的内阁大学士具有宰相的权力，那是不恰当的。

3. 六部

明代中枢六部初置于洪武元年，各部设尚书、侍郎、郎中，员外郎、主事等官，隶中书省统辖，分理国家诸事，其职至重。《昭代典则》记载：洪武元年（公元 1368 年）八月丁丑，始置吏、户、礼、兵、刑、工六部，设尚书、侍郎、郎中、员外郎、主事，仍隶中书省。帝（太祖）召六部尚书入见奉天殿，谕曰：“朕肇基江左，军务方殷，官制未备。今以卿等分任六部。国家之事，总之者中书，分理者六部，至为要职。凡诸政务，宜悉心经理，或有乖违，患及天下，不可不慎。

洪武五年（公元 1372 年）定六部具体职掌，并於岁终进行考绩，分其优劣，以行黜陟。六部官员相对稳定，不得轻易调动，凡有劳绩者，则在本部升用。自洪武十三年（公元 1380 年）罢中书省后，即升六部品秩：尚书为正二品（建文中曾一度提为正一品，永乐时复旧），侍郎正三品，郎中正五品，员外郎从五品，主事正六品。

六部尚书、侍郎都是堂官，由皇帝直接领导，其中吏部尤为重要，因为官吏的除授都必须经过吏部。明朝的首任吏部尚书为滕毅，樊鲁璞、汪河分任左、右侍郎。洪武六年（公元 1373 年），吏部分三个属部，即总部，司勋部，考功部；十三年（公元 1380 年），增司封。二十二年（公元 1389 年）改总部为选部。二十九年（公元 1396 年），改定文选、验封、稽勋、考功四个清吏司。每司设郎中、员外郎、主事各一人。

首任户部尚书为杨思义。刘诚、杭琪分任左、右侍郎。洪武六年（公元 1373 年），户部分设五科，即一科、二科、三科、四科、总科。每科设郎中、员外郎各 2 人，主事 5 人。十三年（公元 1380 年），分四个属部，即总部、度支部、金部、仓部。洪武二十二年（公元 1389 年），改总部为民部，次年，又分四部为河南、北平、山东、山西、陕西、浙江、江西、湖广、广东、广西、四川、福建十二部，每部仍分民、度、金、仓四科。二十九年（公元 1396 年），改十二部为十二清吏司，各设郎中 1 人，员外郎 1 人，主事 2 人。永乐元年（公元 1403 年），改北平司为北京司。永乐十八年（公元 1420 年）。废北京司，设云南、贵州、交阯三个清吏司，宣德十年（公元 1435 年），罢交阯司，定为十三司。户部十三司，自明孝宗弘治以来，以公署不大，只留郎中 1 人治事。员外郎、主事只能在授官之日出席而已，实际都只挂名。郎中一人无法管事，只好委任基层吏胥，以致弊端百出。至神宗万历时，王国光任户部尚书，始令每司吏员尽入署治事，司中职业才得修举。户部另有一些直辖机构，如宝钞提举司、印钞局、广盈库、军储仓等。

礼部首任尚书为钱用壬、侍郎为世家宝。洪武六年（公元 1373 年）分四属部，即总部、祠部、膳部、主客部。洪武十三年（公元 1380 年），定每属部设郎中、员外郎、主事各 1 人。二十二年（公元 1389 年），改总部为仪部。二十九年（公元1396年），改为仪制、祠祭、精膳、主客四个清吏司，另辖铸印局，局设大使1人，副使2人。

兵部的首任尚书为陈亮，侍郎为朱珍。洪武六年，分三个属部，即总部、驾部、职方部。洪武十三年再增库部，二十二年改总部为司马部。二十九年改为武选、职方、车驾、武库四司。每司设郎中、员外郎各1人，主事2人。另辖会同馆，大通关等机构，各设大使和副使。

刑部的首任尚书为周桢，侍郎为盛元辅，张仁。明太祖即位初期，用法太严，周桢任尚书时，始定律令，使吏士有法循守。洪武六年（公元1373年），刑部分为四个属部，即总部、比部、都官部、司门部。八年（公元1375年），增设四科，分属于四部。部设郎中、员外郎各1人。总部、比部主事各4人，都官，司门主事各2人。洪武二十二年（公元1389年），改总部为宪部，二十三年，分四部为河南、北平、山东、山西、陕西、浙江、江西、湖广、广东、广西、四川，福建十二部。二十九年（公元1396年）改为十二清吏司，设郎中、员外郎各1人，主事2人，永乐十八年（公元1420年）除北平司，增置云南、贵州、交阯三司。宣德十年（公元1435年）革交阯司，遂定为十三个清吏司。

工部的首任尚书为单安仁，侍郎为张允文和杨翼。洪武六年，分四个属部，即总部、虞部、水部、屯田部。八年增立四科。十三年，以屯田部为屯部。二十二年，改总部为营部。二十九年，定为营缮、虞衡、都水、屯田四个清吏司。设郎中、员外郎、立事各1人，另辖宝源局、军器局等。

永乐十九年（公元1421年），明成祖迁都北京，改南京为留都。南京除了没有皇帝之外，其他各种官僚机构的设置完全和北京一样。南京所设立之六部称“南六部”，虽同有一套职官，但多安置闲散退休或被排斥的官员，其职权远不如北京六部。所以，南京各官自成一种势力，与北京明争暗斗，两京官员迭为消长，操纵朝局。这是明代的一种奇特现象。

明代六部所属各清吏司之郎中、员外郎、主事等司官，皆为实际任职之人，所以颇能上下其手，招降纳贿。

明代六部尚书往往不拘定额，可以添差，故有道士而任礼部尚书，工头而任工部尚书的现象。

4. 都察院

明代初年，沿元旧制，设御史台，洪武十三年（公元 1380 年）五月罢御史台。十五年改置都察院。这个机构为明代所创设的，与前代御史台之制不甚相同。都察院设左右都御史、左右副都御史、左右佥都御史及浙江、江西、福建、四川、陕西、云南、河南、广西、广东、山西、山东、湖广、贵州等十三道监察御史共 110 人。都御史为台长，与六部平行，合称七卿。都御史之职，据《明史·职官志二》记载：都御史职专纠劾百司，辩明冤枉，提督各道，为天子耳目风纪之司。凡大臣奸邪，小人构党，作威福乱政者，劾。凡百官猥茸贪冒坏官纪者，劾。凡学术不正，上书陈言变乱成宪，希进用者，劾。遇期觐，考察，同吏部司贤否陟黜。大狱重囚会鞫于外朝，偕刑部、大理谳平之。其奉敕内地，拊循外地，各专其敕行事。可见明代都御史的权力很大，凡官吏之考察黜陟则会同吏部、重大刑狱则会同刑部与大理院。其他各官署则分属十三道监察御史稽察。监察御史充任的职务，远比前代繁重。据《明史·职官志二》所载：在内两京刷卷，巡视京营、监临乡、会试及武举，巡视光禄，巡视仓场，巡视内库、皇城、五城、轮值登闻鼓。在外巡按（北直隶二人，南直隶三人，宣大一人，辽东一人，甘肃一人，十三省各一人），清军，提督学校（两京各一人，万历末南京增设一人）。巡盐（两淮一人，两浙一人，长芦一人，河东一人），茶马（陕西）、巡漕、巡关、儹运、印马、屯田。师行则监军纪功，各以其事专监察。而巡按则代天子巡狩，所按藩服大臣、府州县官诸考察，举劾尤专，大事奏裁，小事立断。按临所至，必先审录罪囚，吊刷案卷，有故出入者理辩之。

御史权重如此，所以选授也极慎重，自永乐八年（公元 1410 年）以后，规定御史必从进士及监生中有学识并通达治体者选任。《明会要·职官五》引《三编》载：永乐七年（公元 1409 年），召御史张循理等二十八人至，问其出身，皆由进士及监生，惟洪秉等四人由吏。帝曰："用人虽不专一途，然御史为朝廷耳目之寄，宜用有学识通达治体者。"黜秉等为序班。诏："自今勿复用吏。"明年冬，申谕吏部，著为令。

御史之权既重，然处事若有差失，惩办也极严厉。据《世法录》记载，洪武十五年（公元 1382 年）五月，御史雷励误把良民判为徒罪。明太祖查获其事，责之曰："朝廷能使顽恶慑伏，良善得所者在法耳。少有偏重，民无所守。尔为御史，执法不平，何以激浊扬清，伸理冤枉？徒罪尚可改正，若死罪论决，可以再生乎？"并命法司论雷励之罪，以示警戒。就连书写失误，也被认为不称职而一例治罪。据《梦余录》记载，宣德间，御史谢瑶在荐举文牍上误书被荐者姓氏，奏书上呈后，又自陈改正。宣宗谓吏部曰："古人奏牍皆存敬慎，石庆书'马'字缺点，惧及死。今荐贤不知其姓，岂能知其才？轻率如此，岂称御史之职？"便把谢瑶贬为交阯大蛮县知县。宣德十年（公元 1435 年），宣宗又特谕都察院："朝廷设风宪，所以重耳目之寄，严纪纲之任。近年以来，未尽得人，妄逞威福，是非倒置，风纪废弛，令吏部：今后，初仕者不许铨除风宪。凡监察御史有缺，令都察院堂上及各道官保举，务要开具实行，移咨吏部，审察不谬，然后奏除。其后有犯赃及不称职，举者同罪"。可见有明一代，对御史官的选授和督察是甚为严格的。

5. 通政使司

元代有四方献言详定司，后又置通政院，其职掌不相同。明代于洪武三年（公元 1370 年）三月，置察言司，以王文卿、原本两人为司令，掌受四方章奏，旋罢。洪武十年（公元 1377 年）七月，置通政司，设通政使 1 人，正三品；左、右通政各 1 人，正四品；誊黄右通政 1 人，正四品；左、右通议各 1 人，正五品。其属官有经历司经历 1 人，正七品；知事 1 人，正八品。《明史·职官志二》载：通政使掌受内外章疏、敷奏、封驳之事。凡四方陈情建言，申诉冤滞，或告不法等事，于底簿内誊写诉告缘由，赍状奏闻。凡天下臣民实封入递，即于公厅启视，节写副本，然后奏闻。即五军、六部、都察院等衙门，有事关机密重大者，其入奏仍用本司印信。凡诸司公文，勘合辨验允当，编号注写，公文用“日照之记”，勘合用“验正之记”关防之。凡在外之题本、奏本，在京之奏本，并受之，于早朝汇而进之。有径自封进者则参驳。午朝则引奏臣民之言事者，有机密则不时入奏。有违误则籍而汇请。凡抄发，照驳诸司公移及勘合，讼牒，勾提件数，给繇人员，月终类奏，岁终通奏。凡议大政、大狱及会推文、武大臣，必参预。

洪武十年（公元 1377 年），以曾秉正为首任通政使，刘仁为左通政使。上任之时明太祖晓谕说：“政犹水也，欲其常通，故以‘通政’名官。卿其审命令以正百司，达幽隐以通庶务。当执奏者勿忌避，当驳正者勿阿随，当敷陈者毋隐蔽，当引见者毋留难。”可见明太祖对这个机构是相当重视的。

通政使司是明代创设的，其职能似乎有类于南北朝的通事舍人、唐代的知匦使、宋代的閤门使及通进银台司等机构之合并。在理论上是君主和臣下之间的一个联系机关，任何官署上奏事件都必须经由其手，所以居七卿之下的最高位次，有资格参预“廷推”。据《梦馀录》记载，通政司门下有一红牌，书云“奏事使”。持此牌可以直入内府，守卫官不得阻拦，这给通政使奏事提供了方便，下情能及时上达。通政司出纳王命，为朝廷之喉舌，其封奏皆自御前开拆，故奸臣有事即露，无幸免者。天顺（公元 1457~1464 年）以后，其作用虽稍减弱，但也为权奸所警戒。据《明史·严嵩传》载，嘉靖中，赵文华与严嵩结为父子，严嵩念“己过恶多，得私人在通政，劾疏至，可豫为计”。故以文华为通政使，及明中、晚期，通政司实际已被奸党所控制，通达下情之意，荡然无存了。清代君主直接受理奏章，通政使即变成闲曹，而其品秩却依然如旧。

6. 大理寺

大理寺，洪武十四年（公元 1381 年）置，命李仕鲁为首任大理寺卿，正五品。置左右少卿，从五品；左右寺丞，正六品。十九年（公元 1386 年）置审刑司，共平庶狱。凡是大理寺所理之刑狱，审刑司均复详议之。为加强大理寺的权力，洪武二十二年（公元 1389 年），升大理寺卿为正三品，少卿正四品，丞正五品。可见明太祖对这个执法机关是很重视的，据《明代典则》记载，洪武二十四年（公元 1391 年）六月，太祖把大理寺丞周志清提为卿，并说："大理之卿，即古之廷尉，历代任斯职者，独汉称张释之、于定国，唐称戴胄。盖由其处心公正，议法平恕，狱以无冤，故流芳后世。今命尔为大理寺卿，当推情定法，毋为深文，务求明允，使刑必当罪。庶几可方古人，不负命也。"大理寺所掌为"审谳平反刑狱之政令"。要做到"推情定法""刑必当罪"，使"狱以无冤"是很不容易的。所以大理寺官员选任之当否是非常重要的，据《梦馀录》记载，宣德时，吏部尚书蹇义特为此事向宣宗上疏说："刑部都察院职典刑名，而大理寺尤专详谳。居是职者，必得其人。其官属，宜从堂上官精加考核，庸劣不称者黜之，贪婪苛刻者罪之，其有作奸犯科者，责令互相纠举。违者，一体论罪。"

蹇义奏疏所提出的原则实际上是无法实行的，尤其是明中期以后，大理寺之权竟落入"庸劣不称者"之手。以至刑狱不清，冤案四出。所以，嘉靖六年（公元 1527 年），黄绾又上疏世宗："问官之上，何以评其轻重，服其心乎？近见两寺官，有初入仕途，律之名例尚未通晓，即欲断按庶狱，未免有差。原问官因得指摘罅漏，借为口实，至于参驳。本寺亦不降心，辄逞雄辩，往复数次，淹累囚众，至不得已，将就允行。刑狱不清，职此之故。"

由于用人不当，庸劣当权，不精律例，偏执己见，因而拷掠成狱，"捶死狱中”，论罪不当，“重囚称冤”者往往有之。但明代也有一些大理寺卿能公平理狱，执法不阿。如《明史·虞谦传》记载仁宗时，虞谦为大理寺卿、吕升为少卿，能“悉心奏当，凡法司及四方所上狱，谦等再四参复，必求其平，尝语人曰：‘彼无憾，斯我无憾矣。’”又《明史·马森传》载，马森为大理卿，屡驳疑狱，与刑部尚书郑晓、都御史周廷称为“三平”。但大理寺卿有时也受到权臣的制约，不能公正治狱，《明史·王用汲传》载，万历时，王用汲为大理少卿，遇法司议胡檟、龙宗武杀吴仕期案，定胡、龙二案犯谪戍。用汲认为量刑不公，驳奏曰：“按律：刑部及大小官吏不依法律，听从上司主使出入人罪者，罪如之。盖谓如上文‘罪斩，妻子为奴，财产入官’之律也。仕期之死，檟非主使者乎？宗武非听上司主使者乎？今仅谪戍，不知所遵何律也？”神宗欲从用汲之言，可是阁臣申时行等则认为仕期自毙，宜减等。这个依法本该判处死刑的案犯，就以谪戍从轻发落，可见在封建社会，正直的刑官往往不能维护法律尊严的。

明代的大理寺与刑部、都察院合称为“三法司”，国家的重大案件，常由“三法司”会审。但是中期以后，大理寺执法之权被夺，实际上只能核阅案卷而已。

7. 詹事府

洪武初年，置大本堂以藏古今图籍，召四方名儒训导太子、亲王。不久，太子居于文华堂，诸儒轮班侍从，又选才俊之士入充伴读。当时，东宫官属除了太子少师、少傅、少保、宾客外，还有左右詹事、同知詹事院事、副詹事、詹事丞、左右率府使、同知左右率府事、左右率府副使、谕德、赞善大夫，都以勋旧大臣兼领其职。又有文学、中舍、正字、侍正、洗马、庶子及赞读等官。洪武十五年（公元 1382 年），改定左、右春坊官，各置庶子、谕德、中允、赞善、司直郎，又各设大学士。随即又定司经局官，设洗马、校书、正字。二十二年（公元 1389 年），因属官太多而无所统率，才设詹事院以总之。二十五年（公元 1392 年）改名詹事府，置詹事

1人（正三品），少詹事2人（正四品），府丞2人（正六品）。主簿厅主簿1人（从七品），录事2人（正九品），通事舍人2人。左春坊：职官有大学士（正五品）、左庶子（正五品）、左谕德（从五品）各1人，左中允（正六品）、左赞善（从六品）、左司直郎（从六品，后不常设）各2人，左清纪郎1人（从八品，不常设），左司谏2人（从九品，不常设）。右春坊的官员设置如在春坊。司经局：设有洗马1人（从五品）、校书（正九品）、正字（从九品）各2人。

詹事掌统府、坊、局之政事，以辅导太子。少詹事为詹事之副贰。明太祖对太子的教育很重视，既不随便付之以重任，又特设一套较前代完备的东宫官，以训导太子。《明会要・职官七》引《明通纪》：洪武元年（公元1368年）正月，中书及都督府议，仿元旧制设中书令，欲奏以太子为之。帝曰："取法于古，必择其善者而从之。元人事不师古，设官不以任贤，惟其类是与，岂可取法？且吾子年未长，学未充，更事未多，所宜尊礼师傅，讲习经传，博通古今，识达机宜。他日军国重务，皆令启闻，何必效彼作中书令乎？"乃令詹同考东宫官，设少师、少傅、少保、詹事、率府使、谕德、赞善，宾客等官。这表现了明太祖的卓见远识，詹事府官员对太子的影响最为直接，所以明太祖慎择其人，常以勋旧大臣兼领其职。据《明史・唐铎传》记载，初置詹事院，太祖对吏部说："辅导太子，必择端重之士。三代保、傅，礼甚尊严。兵部尚书唐铎谨厚有德量，以为詹事，食尚书俸如故。"以后，凡东宫官缺，则命廷臣推举孝义笃行之京官兼任。英宗天顺（公元1457~1464年）以前，或尚书、侍郎、都御史兼任。宪宗成化（公元1465~1487年）以后，例以礼部尚书、侍郎由翰林出身者兼掌之，明太祖规定宫官由廷臣兼领，其谋虑是很深远的。据《洪武圣政记》载：洪武三年（公元1370年）十二月，礼部尚书陶凯请选人专任东宫官属，罢兼领之职，庶于辅导有所责成。帝曰："古者不备其官，惟贤能是用。朕以廷臣有才望勋德者，兼东宫官，非无谓也，尝虑廷臣与东宫官属有不相能，遂成嫌隙，或生奸谋，离间骨月（肉），其祸非细。若江充之事，可为明鉴。朕今立法，令省台都督府官兼东宫赞辅之职，父子一体，君臣一心，庶几无相构患。”

这说明明太祖规定“兼领”之制是接受了西汉巫蛊之祸的教训。宫官“兼领”就可预防廷臣与宫官相构，而生奸谋，“离间骨肉”。这是明太祖调节宫廷内部矛盾的重要措施。

通事舍人掌东宫朝谒及辞见之礼。“凡廷臣朝贺，进笺进春、进历于太子，则引入而举案”。春坊大学士执掌太子向皇上奏请及讲读之事。洗马掌经史子集、制典、图书刊辑之事。凡天下图册上东宫者，皆受而藏之。校书、正字为洗马之佐，掌缮写装潢并校正典籍之讹谬。

明中期以后，詹事府成为翰林官迁转之阶，太子出阁的讲读之事都由其他官员充任，名实已不相符了。

8. 翰林院

吴元年（公元1363年）五月，初置翰林国史院，设学士（正三品），侍讲学士（从四品），直学士（正五品），修撰，典簿（正七品），编修（正八品）。洪武元年（公元1368年），改名翰林院。洪武二年，置学士承旨，正三品，改学士为从三品，并增设待制（从五品），应奉（正七品），典籍（从八品）等官。洪武十三年（公元1380年）增设检阅（从九品）。洪武十四年，降翰林学士为正五品，并革除学士承旨、直学士、待制、应奉等官。明初，翰林院官员都是荐举而入，而不从进士中选任。所以，洪武四年（公元1371年）开科，状元吴伯宗只授员外郎，榜眼、探花仅授主事而已。至十八年（公元1385年），更定翰林品员，定进士一甲授修撰，二甲以下授编修、检讨，其品秩自学士五品以下至七品不等。据《明史·选举志》载，这年廷试后，一甲进士丁显等授翰林院修撰，二甲马京等为编修，吴文为检讨。进士入翰林就是从这一年开始。此后，明太祖对翰林院的政治作用逐渐注意，据《明史·戴德彝传》载，洪武二十七年（公元

1394 年），戴德彝为翰林院侍讲，太祖对他说："翰林虽职文学，然既列禁近，凡国家政治得失，民生利害，当知无不言。昔唐陆贽、崔群、李绛在翰林，皆能正言谠论，补益当时，汝宜以古人自期。"

惠帝建文初年，复置学士承旨，改侍讲、侍读两学士为文学博士，以方孝孺任之，参预机务，并置文翰、文史二馆。以文翰馆居侍讲，侍读，侍书，五经博士；文史馆居修撰，编修，检讨。永乐二年（公元 1404 年），授一甲 3 人为翰林修撰、编修，再于二甲选文学优等者杨相等 50 人及善书者汤流等 10 人为庶吉士。从此以后，庶吉士便成为翰林之专官。

明代翰林院官员具有两重意义：其一，作为参预机务的内阁成员。内阁成员称大学士，因而内阁与翰林院为一而二,二而一的机构，这是清制只有翰林出身者才能入阁的由来。自明宪宗成化（公元 1465~1487 年）以后，不但内阁，就连六部长官也有定例以翰林官充任的。据《明史・职官志二》载："其在六部，自成化时，周洪谟以后，礼部尚书、侍郎必由翰林，吏部两侍郎必有一由于翰林。其由翰林者，尚书则兼学士（六部皆然），侍郎则兼侍读、侍讲学士。其在詹事府暨坊、局官，视其品级，必带本院衔（詹事，少詹事带学士衔，庶子，谕德，中允，赞善则带侍讲、侍读学士以至于编修、检讨等衔）"。其二，明代的翰林院包括前代的秘书监、史馆、著作局、起居郎、舍人等职；因此，这些官名均已废除。事实上连这些官的职务也废除了，有时不过作为装点门面而已。

明代的翰林学士掌制诰、史册、文翰之事，以考议制度，详正文书，备天子顾问，其职位颇为清要。《明史・职官志二》说："大政事、大典礼，集诸臣会议，则与诸司参决其可否，车驾幸太学听讲，凡郊祀、庆成诸宴，则学士侍坐於四品京卿上。"因其常在帝侧，"备天子顾问"，颇能左右朝政，也可干预官吏的黜陟，所以特受尊崇，虽品列第五，侍坐则在四品京官以上。侍读、侍讲掌讲读经史。

此外，国子监也与翰林院相接近。置祭酒 1 人（从四品），司业 1 人

（正六品）。其下设绳愆厅，以监丞1人（正八品）掌执学规；博士厅，有《五经》博士5人（从八品）分经讲授，助教15人（从八品），学正10人（正九品），分率性、修道、诚心、正义、崇志、广业六堂为士子肆业之所，这是明代所特设的；典簿厅，有典簿1人（从八品）；典籍厅，有典籍1人（从九品）；掌馔厅，设掌馔2人（未入品）。

9. 宦官机构

明代初年，对宦官的限制非常严格，据《昭代典则》记载，洪武二年（公元1369年）八月，在确定内侍官制时，太祖诏谕吏部说："朕观《周礼》，阍寺不及百人，后世多至数千，卒为大患。今虽未能复古，亦当为防微之计。此辈所事，不过供洒扫，给使令而已。若求善良，百无一二。用为耳目，即耳目蔽；用为心腹，即心腹病。驭之之道，但当使之畏法，不可使之有功。有功则骄恣畏法则检束，自不为非也。"可见明太祖对宦官祸害的认识是很深刻的。洪武六年（公元1373年）十一月，特命廷臣考究前代纠劾内官的办法。礼部议置内正司，设司正、司副各一人，专门纠察内官失仪及不法的行为。据《明会要·职官十一》引《明政统宗》载，洪武十年（公元1377年）五月，有一个内侍官因在内廷时间较久，偶而言及政事，当即被太祖斥遣归还乡里，并令终身不得叙用。又对诸臣说："此辈日在左右，其小忠小信，足以固结君心。及其久也，假窃威权，以干政事，遂至于不可抑。自古以此辈乱者多矣。今立法不许寺人干预朝政，决去之，所以惩将来也随后规定内臣不许读书识字。"洪武十七年（公元1384年），特铸一个铁牌，上刻文字："内臣不得干预政事，犯者斩。"置于宫门之中。又敕令诸司，不得与内官监文移往来。自古以来，对宦官之禁，未有如明太祖之周备。当时有个御用监名叫杜安道，以镊工侍太祖数十年，朝中许多机密计议他都知道，但他个性慎密，严遵太祖的禁令，在诸大臣面前仅一揖而退，从不启口泄漏机密。太祖对他很宠爱，但不给予优遇，后来迁出为光禄寺卿。

洪武末，太祖重新整顿宦官机构，定十二监及各司局，并制定宦官的品秩和待遇。《明史·宦官传序》记载：明太祖既定江左，鉴前代之失，置宦官不及百人。迨末年颁《祖训》，乃定为十有二监及各司局，稍称备员矣。然定制，不得兼外臣文武衔，不得御外臣冠服，官无过四品，月米一石，衣食於内庭。

后来宦官设置不断增多，《明史·职官志三》说："宦官……十二监、四司、八局，所谓二十四衙门也。"其机构之庞大，为历代所无。因各监、司、局官称职掌繁杂，特制二十四衙门官制之简表以说明。

此外又有内府供应库，设掌印太监1员，掌宫内及山陵等处内官食米及御用黄蜡、白蜡，沉香等。凡油蜡各库均属之；司钥库，设掌印太监1员，掌大内库藏，凡金银及诸宝货总隶之；十库：甲字，掌贮银硃，黄丹，乌梅，藤黄，水银诸物。乙字，掌贮奏本等纸。丙字，掌贮丝绵，布匹。丁字，掌贮生漆，桐油等物。戊字，掌贮所解弓箭，盔甲等物。承运，掌贮黄白生绢。广盈，掌贮纱罗诸帛匹。广惠，掌造贮巾帕，梳笼、刷抿、钱贯、钞锭之类。赃罚，掌没入官物；御酒房，设提督太监1员，掌造御用酒；御药房，设提督太监正、副2员，掌御用药饵，与太医院官相表里；御茶房，设提督太监正、副2员，职司供奉茶酒、瓜果及进御膳；牲口房，设提督太监1员，掌收养异兽珍禽；刻漏房，设掌房1员，掌管每日时刻，每一时即令直殿监官入宫换牌，夜报刻漏，更鼓房，有罪内官职司之；甜食房，设掌房1员，掌造办虎眼，窝丝等糖及诸甜食（隶御用监）；弹子房，设掌房1员，专备泥弹；灵台，设掌印太监1员，掌观星气云物，测候灾祥；絛作，设掌作1员，掌造各色兜罗绒及诸绦绶（隶御用监）；盔甲厂（即旧鞍辔局），掌造军器；安民厂（旧名王恭厂），设掌厂太监1员，掌造铳炮、火药之类。又午门，东华门，西华门，奉天门，玄武门，左、右顺门，左、右红门，皇宫门，坤宁门，宫左、右门以及东宫春和门，后门，左、右门，皇城、京城内外诸门等，各设门正1员，司晨昏启闭，关防出入。还有提督东厂，设掌印太监 1 员，掌刺缉刑狱之事。旧选各监中一人提督，后专用司礼监之秉笔第二人或第三人为之。其贴刑官，则用锦衣卫千百户为之。提督西厂（不常设），提督东营（代宗景泰元年〔公元 1452 年〕始置）；文书房，设掌房 10 员，掌收通政司每日封进本章，及各藩所上封本，其在外之阁票，在内之搭票，一应圣谕旨意御批，俱由文书房落底簿发，凡升司礼者，必由文书房出；礼仪房，设提督太监 1 员，掌一应选婚、选驸马以及皇太子女诞生，选择乳妇诸吉礼；中书房，设掌房 1 员，掌管文华殿中书所写书籍、对联、扇柄等件，承旨发写，完日奏进；御前近侍，包括乾清宫管事，打卯牌子，御前牌子，煖殿，管柜子，赞礼，答应长随，当差听事，拏马，尚冠、尚衣、尚履等，皆属近侍；南京守备，设正、副守备太监各 1 员，关防一颗，护卫留都，为司礼监之外差；天寿山守备，设太监 1 员，辖各陵守陵太监，职司护卫；湖广承天府守备，设太监 1 员，辖承德、荆、襄地方，护卫兴宁；织造，南京，苏州，杭州各设提督太监 1 员，掌织造御用龙衣；镇守（镇守太监始建于洪熙，遍设于正统），各省各镇均有镇守太监，嘉靖八年后革。市舶，广东、福建、浙江三市舶司各设太监提督，后罢福建、浙江，惟存广东司；监督仓场，各仓各场俱设监督太监；诸陵神宫监，各陵俱设神宫监太监守陵。在外的临时差遣有监军、采办、粮税等等名目，不胜枚举。

建文帝嗣位，一遵祖训，对内臣的限制更加严格，据《明史·宦官传序》载，惠帝诏内臣“出外稍不法，许有司械闻”。成祖初临朝，也警惕宦官擅权，《明史·职官志三》载，他曾说：“联一遵太祖训，无御宝文书，即一军一民，中官不得擅调发。”当时有个宦官私自调用应天府工匠为其服役，事发后，成祖立即诏命锦衣卫逮捕治罪。但不久，这些禁令全部破坏了。《明史·职官志三》记载：顾中官四出，实始永乐时。元年（公元 1403 年），李兴等赍敕劳暹罗国王，此奉使外国之始也。三年（公元 1405 年）命郑和等率兵二万，行赏西洋古里、满剌诸国，此将兵之始也。八年（公元 1410 年），敕王安等监都督谭青等军，马靖巡视甘肃，此监军、巡视之始也。

至洪熙元年（公元 1425 年），仁宗派遣郑和领下番官军守备南京。从此以后，宦官领兵之例便相沿不革。同时又派王安镇守甘肃，于是，各省镇皆相继派宦官为镇守。宣德四年（公元 1429 年）宣宗特于宫中设内书堂，命大学士陈山专授小内使书，从此，太祖不许内臣读书识字之制也被废除了，甚至特赐金英、范弘等宦官免死诏，这简直无异于勋臣之丹书铁券。从此，宦官威慑朝臣，权倾内外。

（二）清朝时期的中央管理制度

清朝承袭明朝的内阁，指定了四名大学士和两名协办大学士组成内阁，其中一半为满人，一半为汉人。在这六人中间没有一位正式的首脑，他们也不能直接向六部衙门和外省督抚发号施令，只有皇帝才能这样做。内阁大学士为皇帝起草谕旨、敕令和诏书，并协助他作出高层决策。由于他们控制了奏折的呈递渠道，所以便有了影响皇帝决策的权力。另外，因为他们职近中枢，故备受尊敬，而且被看作是皇宫中的最高级官员。按规定，只有已获进士功名的人才能被委命为大学士，而大学士的任期也是无限制的，原因纯粹是无更高的职位委派给他们。所有的内阁大学士都同时担任六部或其他重要衙门的官长职务。

内阁在康熙朝时期失去了一些权力，其时康熙帝逐渐起用南书房的侍臣为他草拟论旨和敕令。到公元 1729 年，内阁又遭受了致命的打击，即军机处的成立。这个新机构取代了内阁成为皇帝最亲近谋臣的角色，而且抢夺了它最初的大部分职能，仅留下一些日常事务让它处置。此后大学士就演变成封赏给一些元勋文臣的尊贵虚衔；他们不再需要处理正规的政务了。

军机处之所以创立，部分是由于雍正帝需要一个联系紧密的助手小班子帮助他起草敕令，并就军国要务提供机密性建议；部分则由于它是一种避开权势显赫的亲王，从而进一步巩固皇帝权力和提高效率的手段。因此，这个结构的创建，构成了清朝专制制度发展进程中的一个里程碑。

军机大臣一般从大学士、六部尚书和侍郎及其他一些二品或二品以上文官中遴选，然而偶尔也会起用一位四品或五品官做军机大臣，以作为皇帝恩宠的标志。最初，军机大臣的数目是三个，但公元 1745 年增加到了十个；不过他们的平均数目是五到六个，由满人和汉人分任。就官制而言，军机大臣之间是相互平等的，但实际上总是有一位领班大臣，此人在早些时候通常是一名满族大学士，19 世纪中叶以后则往往是一名满族宗室亲王。军机大臣在禁宫之内办公（不同于衙门设在宫外的内阁大学士），因此能随时应皇帝之召见。他们每天在破晓前，通常在凌晨 3 点到 5 点开始办事，参详已由皇帝批阅并加朱笔评注的奏折。随后，在早晨 7 点到 9 点觐见皇帝，公元 1749 年前是单独觐见，后来则改为集体觐见。在这两小时里，他们与皇上商讨国事，并就一些皇上还未批阅的奏折提出对策建议，以及尽力记下皇上的旨意，然后回去起草谕旨，即所谓的“廷寄”。公元 1749 年以后，起草廷寄的繁重工作留给了章京们来做。草旨经章京领班审阅后呈给军机大臣作进一步审核，然后这份最后的定稿才呈送给皇帝批覆。

作为皇帝的亲信幕僚和谋士，军机大臣至少每天与皇帝见一次面，就军务、边防、度支、税收和外交等各个方面的问题提出建议；也会推荐政策方略、提出官吏任免的意见，参与重要的案件审理，执行君王的特殊使命，有时还操办殿试事宜。军机大臣还要为主子阅读、呈递并保存奏折和军务档案，准备敕令和廷寄，充当君王处理千头万绪的事务时的心腹顾问。不管皇帝去哪里，他们都要跟随，哪怕是去休养、狩猎或巡游——在这种境况下，他们通常会在晚膳后给皇上召见。虽然他们权势显赫，但却像内阁大学士一样无权向六部或外省直接发号施令，这样的权力只属于皇帝。由于他们的位置很敏感，因此禁止与外省督抚保持私下联络。原则上，亲王和御前大臣是不得进军机处的，以免他们权势过重。但由于公元 1853 年恭亲王获委命为军机大臣，这条原则就被推翻了；嗣后直至清朝灭亡，列位领班大臣均是满洲亲王。

军机大臣一般都有兼职，因为他们除了领取原有官职的俸禄外，不再有任何薪俸，所以军机处的开支一年只有白银一万两左右。军机大臣没有固定的任职期限：董诰充任军机大臣凡 39 年（公元 1779~1797 年、公元 1799~1812 年、公元 1814~1818 年），但也有其他人只充任几个月。在清朝 145 个出任军机大臣的人当中，满人有 72 人，汉人有 64 人，另有 3 个汉军旗人，6 个蒙古人。因此，从数量上来说，职位似乎在满人和汉人间相当平均地分配，而这也的确是清廷安抚汉人的一种手腕。但数量并不能表示权力的平衡，权力的分配与军机大臣同皇帝关系的亲疏成正比，而皇帝一般是信任满人胜过信任汉人，能证明这一点的是，大量特殊和机密的使命都委派给了满族军机大臣。但不管怎么说，汉人在军机处的数目可以表明他们被给予了相当的参与中央政府管理核心的机会。

在军机大臣之下是 32 个章京：16 个汉人和 16 个满人。他们轮流值班，一半值昼班，另一半值夜班，负责日常管理和文牍事务。由于他们参与重要国务，因此被称为“小军机”。确实，在整个清朝时期，有 34 个章京最终被擢升为军机大臣。如果特别受到皇帝宠信，章京有时能发挥比军机大臣更大的影响，比如在公元 1898 年光绪皇帝就任命四个维新分子当军机处章京，负责“百日维新”。

在平定准噶尔部叛乱的军事征讨结束以后，军机处仍然保留下来。虽然军机处在公元 1735 年被乾隆帝撤销过一次，但在次年重建，以后便永久性地替代了内阁，成为中央政府中最重要的机构。

在内阁和军机处之下是六部，它们构成了中央管理机制的骨干。这六部是吏部、户部、礼部、兵部、刑部和工部。每个部有两名尚书和四名侍郎，官职由满人和汉人平均分配，每个部有四个司，但户部和刑部例外，户部有十四个司，刑部有十八个司。惹人注目的是中央政府中居然没有外交部，因为儒家意识的天下一统帝国，传统上不维持任何西方所理解的平等外交关系；也不承认有任何对外事务，只认为有藩务、夷务或商务。

在六部中，吏部居首。除了那些内阁大学士和军机大臣外，官吏的任期一般为三年，在三年任期结束时，要举行一次形式上的议叙考功以决定升黜。“回避法”规定选员不得在其族籍所在省份担任要职，且同一族内的两人不得在同一地或同一衙门任职，以杜绝任人唯亲及结党营私的现象。这些规矩固然是有些例外的，但不多见。比如，在1865年，李鸿章被任命为两江总督，统辖江苏、江西和安徽三省，而安徽省即是他的族籍省份。退休的年龄在1757年确定为55岁，1768年提高到了65岁，但这一规矩并不严格实行。

户部在官阶上仅次于吏部，有两个常设的尚书和四个侍郎，还设有一特简总理部务大臣，通常由满人担任，但有时也会由汉人担任。该部自然是要掌管税收事务，但由于最主要的单一税是地税，所以也要处理田亩登记事宜。

顾名思义礼部是管理礼仪的。礼仪包括一些显而易见的事情，如宫廷典礼、国家祀典、官样服饰、婚丧礼典等；但或许令人惊奇的是，礼仪还包括了进贡事务、教育，以及童试、乡试和会试等各级科举考试的管理。中考的士子成为士绅，他们形成了一个特权阶层，政府正是从这一阶层中选拔官员。

兵部关注军政及武职官的考核任免，而不管辖御前侍卫，8646名御前侍卫官直接受皇帝的节制。兵部有一个饶有趣味的特点，是控制了官方的通信联络。该部豢养马匹，供应遍布全国各处的驿站官员使用；驿卒在京城和各省之间往返传送文书。外省军政大员获发给一定数量的“邮符”，作为动用驿卒之用。根据传送文书的重要性，规定驿卒不同的传递速度。最快速度一般是每天骑马行300千米，然而有时也要求驿卒每天骑马行400千米。其他的速度从一天250~150千米不等；日常的通信则由步行的驿卒传送，一天走50千米。这样，一份寻常的公文从南京到北京就需传递23

天，从广州到北京就需要 56 天。

刑部管理法律事务，包括刑罚、赦免和没收家产等事宜，并与都察院和大理寺会审各省臬司上呈的死刑案件。清朝的法理和司法实践与西方大相径庭，司法机制不独立于行政机构——而仅仅是行政的一部分。在案件审判中不存在诸如正当法律程序或律师辩护等事情。审案者不受终身任职的保护。审判一桩案件与其说是依据法律的考虑，倒不如说是根据该案件的道德含义。官司诉讼被认为是行为不良的表现——因此，到公堂亮相是对一个人社会威望的沉重打击。一个人诉诸法律乃是在所有的劝说和伦理呼吁都已无效以后的一种无可奈何的最后手段。

工部是六部中官阶最低的一个部，统管公共建筑的建造和修缮，购置和出售政府的产业，保养京城的街道和沟渠。修葺河堰、堤坝和灌溉系统是它职责的一个重要部分。

二、地方管理制度

（一）明朝的地方管理制度

明朝建立后，为防止地方权力过大，威胁中央集权，太祖开始着手削弱中书省和丞相的权力。由于地方各行省对中书省负责，为削弱中书省的权力，就有必要割断其与地方高层行政机构之间的隶属关系。于是，废除行省成为朱元璋的必然选择。

洪武九年（公元 1376 年）六月，“尽革行中书省，置十三布政使司，分领天下府州县及羁縻诸司”，直隶于中央六部，以承宣布政使司作为新型高层政区。洪武元年（公元 1368 年）在北平设置大都督分府后，形成行省、行府并存体制，后又于洪武三年（公元 1370 年）在各行省置都卫。

明代的提刑按察使司是和行省同时设置的，早在设置江南行中书省的同时，即至正十六年（公元 1356 年）七月，“置提刑按察使司，王习古、王德芳为佥事”。随着行中书省和行都督府的普遍设立，各省也先后设立了提刑按察使司。承宣布政使司与都指挥使司、提刑按察使司联合组成了明代的高层行政组织，三司分立，分别主管一省民政、军事、监察，三者互相牵制，有效地预防了地方割据势力，维护着中央集权。此外，因元代行省幅员广阔，仅中书一省就囊括京、津、冀、鲁等数省之地，辽阳、岭北行省更是辽阔无际，行省的管辖范围过大，不利于行政管理，故太祖在元代政区基础上对明代政区的幅员进行了改革。

首先，是将元代一些面积较大的行省分割开来，将中书省和中部的河南江北行省分为几块，南方地区的江西、湖广、江浙三省均一分为二。这样一来，除南北两京的辖区外，大多数省的幅员被调整得较为均匀，因此，明代虽然在名义上是废止了元代的行省制，但是对省的区划并没有做出太大的改变。

其次，为维护中央集权统治，避免地方割据势力的出现，明朝违背山川形便原则，对一些省的边界进行了调试。如南京的设置便违背山川形便原则，将太湖流域分属两个政区；再如使河南拥有黄河以北属地，与京师南界互相咬合。

明廷对高层政区进行改革的同时，对统县政区也进行了调整。元代政区层级众多，又采用复式的统辖关系，因而形成了一套复杂而烦琐的行政区划体系。行政层级越多，上情下达的效果越差，影响地方的发展。

明廷建立后，吸取前代政区教训，进行了以简化政区层级为中心的政区调整。首先，将元代的路、府、州、县四级制改为府、州、县三级制，撤销了路的建置，使行政上叠床架屋的情况有所改变。对元末的府根据其辖境大小、所辖县数多少，或仍置为府，或改为其他府下的属州，府由省直辖，府下或辖州或领县，或二者并辖。

最后，明代拥有大量的直隶州，明初在改路为府的同时，将许多直属行省的州改为了府属，一些地域过小的则被降为县。元代一些属州设而不辖县，以浙江行省与江西行省为例，其下属州多不辖县，职能与县无异，洪武初年将两布政司的属州均降级为县，这样既使原来稍显零碎的政区布局有所改观，又精简了行政机构。洪武九年（公元1376年）之后，明代三级与四级并存的复式政区层级确立。

明代的县大多因袭元代而来。洪武时期，明廷根据动态的社会发展对县级政区也进行了调整。首先，废除直隶州及属州附郭县，以此来减少行政开支、提高行政效率。其次，将户粮不计数的县省入州或邻近县中，后待该地人口增加后，又对其进行了复置。随着统县政区的调整，县的隶属关系也发生了相应的变化。

明朝建立之前，沿袭元代旧制，在占领地区设立行中书省，后随着民政问题日益突出，明廷开始实行军政分离。至洪武九年（公元1376年），太祖改中书省为承宣布政使司，完成了明初地方一级权力机关由行中书省到三司的过渡。同时明朝针对元代行省幅员过大、政区层级繁多的问题，对省及省以下的政区进行了相应的调整，确立了三级与四级并存的复式政区层级。通过对明初政区的因时调整，巩固了王朝统治，简化了政区层级，提高了行政管理效率。

明代对县级政区的大规模调整主要集中在洪武时期，洪武之后，除永乐年间设置贵州、交趾布政司引起局部地区府州县在数目上的变动外，其余地区府州县建置相对稳定，置废较少。有县则有县级官员，县官作为君与民联系的桥梁，下传政令，上达民情。

政府通过在各地区设置县官，了解各地动态，进而加强中央对地方的控制。明朝统治者正是认识到这一点，为了加强皇权对地方的统治，又不能像宋朝一样罢兵权让国家陷入困境中，只有这样的给于地方一些自主权，同时又建立三司使权力得到分散，不至于造成藩镇割据的情况出现。明朝的地方行政体制给后世的地方管理提供了范本。

（二）清朝的地方管理制度

清朝实行的地方行政制度包括两类：一是省、府（直隶州、直隶厅）、县（散州、散厅）三级制；二是总督制。清朝地方行政制度是承袭于明两京十三布政使司。由此转化为清朝十八省行政系统。清朝全国划分为23个省，每个省设一名巡抚，为主管一省民政的最高长官。总督权力比巡抚大得多，但与巡抚之间没有直接的隶属关系，总督和巡抚都是对上直接听命于皇帝。不同的是总督可以管数省，侧重军事，巡抚只管一省，侧重民政。当时全国设八大总督，分别为直隶、两江、闽浙、两湖、陕甘、四川、两广、云贵总督。

清朝在全国实行行省制度，中央以下划分为省、府、县三级。全国划分为23省级区，每 个省设立巡抚一名为省的地方民政最高长官，直接听命余皇帝。有的省之间会设立一个总督，总督权力比巡抚权力大很多，但不是巡抚的直属领导，两人都是直接对皇帝负责。总督在一定范围内有一定的兵权。这样可以分化地方政府的权力，以免造成地方与中央的抗衡。所以，可以看到整个清朝的统治时期基本没有出现地方割据的事情出现，除了清初云南王吴三桂割据西南外。

清朝在内地地方行政制度上承袭了明朝的两京十三布政使司，转化为清朝的十八行政系统。内地18行省，加5个将军辖区共计23各升级行政区划。

清朝行政区划共分为二十二省及特殊政区。清朝幅员辽阔，清朝在1761年统一中原后，划前朝的两京十三布政使司为十八个行省，省下设道、府（州）、县；公元1820年达到领土极盛，在东北、外蒙、新疆则设立五个将军辖区，实行因俗而治；又设立驻藏大臣、西宁办事大臣等负责管辖辽阔的藏区。在云贵地区则推行土司制度，并在雍正年间完成改土归流。晚清则在台湾和新疆正式建省，至光绪三十四年（公元1908年），清朝境内共分为二十二省及特殊政区。

第四章　中国古代户籍制度

第一节　户口登记的由来

户口登记的由来，是一个十分简单而又复杂的问题。而户口的产生，既与家庭、私有制、民族密切相关，也与人类社会的其他各层面有关，不能被等量齐观。困难的是，至今所见记载的户口制度的直接资料很缺乏，信史资料更是寥寥无几。所以，对于中国古代的户口登记制度的研究，从现在的状况来看，仍然是一个很大的难题。

但是，这却是一项必须完成的任务。因为对一种社会体系的历史进行调查，就要把其原委讲得明明白白。可以说，一切社会体系，都必然随着历史发展的客观需求而生，在其发生之时的社会活动中，一定产生或大或小的影响。探究户口制度的出现与发展的必然性，并对其与当时的社会相关问题进行剖析，有利于我们了解中国古代户口制度形成的大致进程。

一、人类居住环境的变化

考古发现，早期的猿人和其他生物差不多，大部分居住在原始丛林里。在远古时代，人口稀少，动物众多，多有聪明者，建树为巢，以避灾祸，百姓喜乐，故称其王。

现代的人文科学和考古研究也证实了，用树枝建造的类似于鸟窝的大树房子，的确是最早期的住宅形态。但是，简单的巢穴很容易在森林被摧毁之后遭到破坏，现在已经很难找到古代人类巢居的痕迹了，只有在一些热带雨林中，才会发现一些蛛丝马迹。

洞窟是古代人居住的又一种形态，即山洞。《古史考》记载，远古之时，山洞居野。在那个时代，天然的岩洞比巢穴更适合居住，也更适合保障他们的生活。从周口店北京猿人生活的山洞和火种遗址中可以看出这一点。像北京猿人这样的自然洞窟，在国内有很多。在山地中，这样的洞窟住宅延续至新石器时期，大约在 1 万年前，广西柳州的白莲洞，曾有旧石器时期和新石器时期的先民居住。直至今日，部分北方居民仍习惯居住在用手工凿成的土窑或砖、石砌成的洞穴。

需要指出的是，从现存的化石资料来看，无论是巴马古猿还是南方猿类，都并非洞穴生物。直到北京猿人和元谋人，才在洞穴中生活。这说明，洞穴应该是在树木和巢穴的后面成为古人的居住场所。在一些原始人居住的区域，有了洞穴，就有了巢穴。

由于劳动工具的进步，人们从山洞里走出来了：

古人不再住在荒郊野外，建了房屋，上面有屋顶，可以防雨。

当人们开始学习建筑时，就有了原始的村庄。目前，在国内已经发现了许多这样的原始住民，其中最典型的为大约 7000 年前的河姆渡，和大约 6000 年前的半坡村。在农耕时代，每一个村庄的人口，都会占据周围的土地，形成一个村落。比如河姆渡时期的房屋，一栋接一栋，隔着 3 米远。房屋周围用一根根粗大的木头做成栅栏，防止动物入侵。在半坡村的外围，还有一条战壕，这也是一种防御工事。

一个村庄或几个村庄为一国。国家本来是一个生产和居住的地方，但是由于私人所有权的存在，各村落间开始发生抢掠，于是形成了用军队保卫土地的情况。为了满足战争的需求，城墙被建立起来。

有了房屋就有了村庄，有了封地，就有了国家，也就是社会的范围越来越广。如果将一部分人集中在一个房间里，也就是减少了群体的数量，从而形成了“家”与“户”的初期形态。“家”字最早见于甲骨文。字形为上面是“宀”，表示与房室有关；下面是“豕”，即猪。在河南舞阳贾湖遗址，发现了中国最早驯化的猪的遗存，表明我们的先民在9000年前就驯化了猪。猪是史前动物牺牲中出现频率最高、数量最大的一种动物，这表明猪被广泛地运用于仪式性活动中，成为先民祭祀祖先和神灵的主要祭品。

“豕”的甲骨文字形最初是猪的象形，刻画有大嘴、耳朵、身体、大大的肚子、腿、尾巴等，有的还画出了公猪的雄性生殖器，表明祭祀时用的是公猪，还有的“宀”里面有两头猪。后来“豕”逐渐符号化。

人们在屋内养猪，所以房子里有猪就成了人家的标志，所以“家”是个会意字。

商代金文，因为比龟甲、兽骨上刻写更加方便，所以“豕”变成了更加生动、形象的猪，刚毛挺立，十分凶猛。后来逐步符号化，到了周代金文，就基本上全部符号化，只保留了猪的轮廓。“豕”的原像猪的后蹄和猪尾的笔画是连成一笔的。有的金文字形仍延续甲骨文刻画了公猪的雄性生殖器，突出表明祭祀时用公猪这一特征。

“家”，会意兼形声字。《说文解字》：“家，居也。”从“宀”，又说：‘豭’，牡豕也。即公猪。”《礼记·杂记》：“凡宗庙之器，其名者成则衅之以豭豚。”豭豚意思是小公猪，后泛指公猪。

“家”，本意是屋内、住所。《诗·周南·桃夭》：“室为夫妇所居，家谓一门之内。”“有夫有妇，然后为家。”《汉书·司马相如传》：“家徒四壁立。”引申为安家落户、定居，“可以家焉”。家还可引申为自己家庭的住房、室内等意。

二、部落战争与招募士兵

部落间的战争起源于原始社会时期，当时生存环境恶劣。那时的原始部族，最重要的任务就是对抗大自然，获取粮食、保护自己的生命。因为人口不多，族群和家族间的矛盾很少。

随着生产方式的进步和生产力的发展，剩余的产物和由此产生的私有制思想，人们的斗争目光逐渐转移到了其他民族身上。由于人口的增长，社会的扩张，国家间的土地、人口、财产的争夺越来越多。

部落之间的战斗，要想获得胜利，就必须建立以结婚为前提的氏族和部落之间的同盟。在联盟过程中，由于战争频繁，部族之间相互吞并，国家数量也随之减少。数量上的变化，会产生质的变化。因为战争的目标在于夺取领土、财物和人民，在征战的过程中使私有经济得到发展，阶层分裂更加严重，此时“国”与过去纯粹是亲属关系的“国”相比，不但在规模上有所差别，在本质上也有所改变，即变成了一个带有等级压制和剥削的“国家”。

户口“起于兵”，与远古的部族征战有很大关系。由于在初期的原始部族也会有一些摩擦，但由于族群的数量和战斗都比较少，并不需要招募军队。随着氏族、部落之间的结盟，战争的频发，部落之间的征兵和招募被提上了议事日程，必须对各个部落的人数和适合作战的人员进行统计。这种工作不断地开展，并逐渐养成了一种习惯做法，就是户口登记的基本形式。可以说，在原始社会，户口登记和服兵役是一样的。

第二节　户籍登记

探究古代户籍查询与登记的问题，可以追溯到西周时期。但遗憾的是，在这一领域，关于这一问题的史料却寥寥无几。至于研究西周户籍的最早记载，则仅限于《周礼》。出于谨慎和科学的考虑，本章开始于《周礼》所记载的户籍调查和登记。笔者对中国古代户籍的考察与登记进行了初步探索。

在引入古代户籍调查和登记时，应当先对主管户籍的部门进行介绍。然而，在中国古代，从中央到各地的各级政府机构，都是对户籍进行调查和登记的主管机构。为防止与旧官制史、行政史重复，同时节约全书篇幅，本章在论述户籍调查与登记方面的具体内容时，除了个别情形外，将不会对有关户籍调查和登记的机构进行详细说明。

一、户籍制度在《周礼》中的记载

研究中国古代户籍制度的起源离不开《周礼》。《周礼》一书中包含丰富的户籍管理制度。本文仅从户籍的种类这个方面加以论述。根据不同的用途，本书把《周礼》中的户籍分为以下三种。

（一）"比居"

"比居"就是伍籍。《周礼·天官·小宰》："听政役以比居。"郑司农说："比居谓伍籍也。比地为伍，因内政寄军令，以伍籍发军起役者，平而无脱遗也。"孙诒让说："先郑意盖谓比居即伍籍也，与下注版户籍小异也。伍籍谓每地人民可任力役者之姓名，较比之时，亦依军法联其什伍。户籍则不论男女老小，凡施舍不任力役者，亦咸登於版，详略殊也。"因此"比居"就是按照什伍组织进行编制而成的能服徭役和兵役的人员名册。

"比居"又称为"役要"。《周礼·地官·乡师》："大役，则帅民徒而至，治其政令；既役，则受州里之役要，以考司空之辟，以逆其役事。""役要"贾公彦疏"役要则役人簿要""所役之民，出于州里，今欲钩考作所功程，须得所谴民徒本数，故云既役则受州里之役要"。此外在《周礼·夏官·大司马》中云："大役属其植，受其要。"注云："要，簿书也。"

"比居"和"役要"作为户籍文书之一种，既是国家征发徭役和兵役的依据，也是征收赋税的依据之一。与秦汉时期的"傅籍"相类似。

（二）"地比"

"地比"是居民的所使用土地地点的登记，包括住宅和耕地的地址记载。《周礼·地官·小司徒》："凡民讼，以地比正之。""地比"，孔广森、贾公彦、孙诒让均认为是"比居"，而郑司农认为是"田畔所与比"。"地比"也可称为"地傅""治地之约"。这里有两种含义，一种指住宅相比邻，另一种指耕地相比邻，《周礼·地官·小司徒》中的"地比"指的是前者。《周礼·秋官·司约》："治地之约次之。"郑玄注："谓经界所至、田莱之比也。"孙诒让指出，"田莱之比"即小司徒之"地比"。《周礼·秋官·朝士》："凡属责者，以其地傅而听其辞。"郑司农说："谓讼地畔界者，田地町畔相比属，故谓之属责。以地傅而听其辞，以其比畔为证也。"此"地傅"即小司徒之"地比"也。

以"地比"的形式记载和描述土地面积和位置的记录西周金文中有，汉代考古材料中也有。《五祀卫鼎》铭文说："厥逆（朔）疆厉田，厥东疆散田，厥南疆散田政父田，厥西疆厉田"。"朔"是北方，在古文字中用法和"及"相同，在此意思是至，所以这里讲的是裘卫新得四田的四至。类似记载还见张家山汉简中《二年律令·户律》有"田比地籍"，亦指此。

"地比"把人口与土地的密切联系起来。"地比"中对于居民居住地的记载，有利于加强对人口的控制，防止人口的随意迁徙和流动。"地比中对于人民所使用耕地的方位、大小面积的记载，是解决纠纷的依据。《周礼·地官·小司徒》："凡民讼，以地比正之。""民讼"，郑玄认为是指"争户口、征役及子女臣妾诱逸之事。"

（三）"版"

"版"在《周礼》中指各类户籍的总称。《周礼·天官·小宰》："三曰听闾里以版图。""版"，郑司农云："版，户籍。"户籍中有民籍和官籍之分。《周礼》中表示户籍的"版"也分为"民之版"和"群臣之版"。

《周礼·秋官·司民》："掌登万民之数，自生齿以上，皆书于版。"孙诒让云："版，今之户籍也。"郑司农云："版，名籍也，以版为之。今时乡户籍谓之户版。"《周礼·地官·小司徒》："掌建邦之教法，以稽国中及四郊都鄙之夫家、九比之数。"郑玄注："稽，犹考也。夫家，犹言男女也。"这里所谓"夫家"其实就是指男女结婚以后所组成的独立的家庭，也就是"户"的另一种称谓。这表明当时是"户"为单位对每一户当中的家庭成员进行登记造册而形成的户籍。"万民之数""夫家之数"皆可称为"民之版。

在《周礼》还有"群臣之版"。《周礼·夏官·司士》："司士掌群臣之版"。贾公彦对"群臣之版"的解释为："谓畿内朝廷及乡遂都鄙群臣名籍。"贾公彦又云"凡官吏版籍，盖备记姓名、居里、爵秩、年齿，其品式与今官吏履历略同。"这里的"群臣名籍"即包括朝廷及邦国都家县鄙的各级官员的名籍，还包括这些官员子弟的"名籍"。"群臣"郑玄的解释为："即邦国都家县鄙卿大夫、士庶子。"《周礼·天官·宫伯》："掌王宫之士庶子，凡在版者。掌其政令，行其秩序，作其徒役之事。"郑玄认为："王宫之士，谓王宫中诸吏之適子也。庶子，其支庶也。"战国时的秦国也有一般户籍和特殊户籍的区分，其特殊户籍中就包括皇室贵族的"宗室籍"、官吏的"宦籍"、官员弟子的"弟子籍"等。《周礼》中的"户籍"是以户为单位对一户当中的每给家庭或家族成员进行登记造册而形成的户籍，因此这里的"群臣之版"也应该是"户籍"的一部分。

"版"的用途，有利于国家了解和掌握人口资源状况。"登万民之数"于版可知全国人口总数，"以稽国中及四郊都鄙之夫家、九比之数，以辨其贵贱、老幼、废疾。"于版可知全国"户"的数量以及人民的贵贱、老幼、废疾者的数量。"自生齿以上，皆书于版""岁登下其生死"可反映新生者数量和每年死亡人数等。

二、西周时期的户籍制度

西周时创建了原始的人口登记办法。据《周礼·秋官·司民》记载：

“司民掌登万民之数，自生齿以上，皆书于版，辩其国中，与其都鄙，及其郊野。异其男女，岁登下其死生。及三年大比，以万民之数诏司寇。司寇及孟冬祀司民之日，献其数于王。王拜受之，登于天府。”可见，当时已设立了掌握户籍的官职“司寇”，凡是长出牙齿以上的都需要登记在册，记明住所，是男是女，并且还要记载下跟去年的人数对比，比如出生率和死亡率，确保可以准确的知道人数，并分城（都）乡（鄙）进行人口统计，这是如今已知我国最早的城乡人口划分。到三年大校比时把这个登记人数的册子交给他们的直接上司司寇，司寇再交给王，同时在一个叫“天府”的部门会保管一份副本。这已经非常完善和科学了。另外，每年要对人口的出生和死亡进行登记，以掌握自然变动情况，每隔三年进行一次人口调查核实（即“大比”），孟冬（阴历十月）时上报。所以说，周朝已有了户籍登记制度的雏形。

三、春秋战国时期的户籍制度

春秋时期是一个大动荡、大发展时期，是一个从统一到分裂，再从分裂到统一的时期。在此期间，社会生产力得到发展，社会经济和政治制度受到了深远影响。

由于战争的原因，各国君主对人口的掌握和管理都非常注重，采取了各种各样的措施来吸引、增加和维护人口。当然，在户籍的基础上，组织和扩充军队，也是非常重要的。春秋战国时期，各诸侯国为扩大兵源，增加赋役，稳定社会秩序，纷纷建立严格的户籍登记制度，即“书社制度”和“上计制度”。“书社制度”的内容是：百姓 25 家为 1 社，“社之户口，书于版图。”“上计制度”是：郡、县长官每年于年底前将下一年度的农户和税收的数目作出预算，书之于木券上，呈送国君。如商鞅变法规定“四境之内，丈夫女子皆有名于上，生者著，死者削。”

四、秦汉时期的户籍制度

中国两个史无前例的统一王朝分别是秦朝（公元前 221~ 前 207 年）和汉朝（公元前 202~ 前 220 年），它们的版图空前壮大。秦、汉时期的典章体系十分完善，户口也是如此。

秦本是一个西部的部族，隶属于周国。在襄公的时候，已经是真正的贵族了，具有与诸国交流的权利。襄王之后，社会逐步进入文明社会，实行了一套新的农事、战争的户籍体制。秦始皇统一天下后，对其进行了修订和完善，使之符合一统的国家。

随着封建制度的日趋成熟，户籍登记制度也日趋完善，周知民数已成为立国之本。秦始皇十六年（公元前 231 年）规定男子不论成丁与否，一律登记年龄。汉代，户籍至少三年一造，有的学者认为是年年更造，县、道官吏负责对户口的验查和登记，时称“案户比民”，简称“案比”。

案比的时间在当年仲秋之月（8 月）。届时，老百姓必须扶老携幼，前往县府，聚集廷中，待接受主吏的验阅，记录项目包括：户主及其家庭成员的姓名、性别、年龄、籍贯、爵级、职务、状貌等。为了防止人们为逃避苛役而瞒报、虚报，政府还特意制定了临时性的查察措施。

汉朝时，汉承秦制度，且每个郡设有主管官，并规定每年在秋收后的八月份，县官才下乡“算民”。汉朝达 6000 万人，可见统计工作量大。为此，那些不需要乡里开支招待的统计官，通常被赞为清官。从 8 月到年底时上报，各级有充分时间来统计。

汉朝的户籍登记，个人的已包括姓名、性别、年龄、住地、爵位（职位）、身高、肤色，比如：居延都尉给事佐居延始至里万常善年卅四岁长七尺五寸黑色。而一户的户籍，则包含所有家人的信息。

在西汉蔡伦发明造纸术之前，户口登记的材质是竹简、木牍以及后来的灞桥纸等。到北朝，有了纸张，就可以在纸上记录很详细的户籍。现在发现最好的户籍登记，是西凉建初十二年（公元 426 年），敦煌郡敦煌县西宕乡高昌里的十一户户籍残片，是纸质的。被当作废纸再使用——比如剪成鞋样，才得以保存下来，但从残片上可见，每一户的信息很具体。

五、魏晋时期户籍考录

魏晋南北朝时期多战乱，民多脱籍。因当时政府已无法掌握具体的人口数字，故曹魏废西汉以来的算赋、口赋而行户调。西晋平吴统一全国后，颁布以丁男、丁女为基准的占田课田制和户调式，并规定了品官荫客、荫亲属的具体限额，说明国家户籍制度开始趋于稳定。时户籍皆用经过药物处理的黄色的一尺二寸札，已在官役者载名，故称“黄籍”。西晋速亡，导致户籍制度再度出现紊乱。十六国时期，中原地区“或百室合户，或千丁共籍”，无严密的户籍可言。南燕主慕容德曾在辖区内“正其编贯”，得荫户五万八千户。除此之外，十六国诸政权均无检括户口之举。东晋南朝承西晋之制仍用“黄籍”，但却有为侨居江南的北方流民所设立的临时户口，时称“白籍”。凡入白籍者，无徭役赋税。此外，依附于门阀士族的部曲、佃客也不在黄籍之内。针对这种现象，为保证国家财政收入，东晋南朝曾多次进行“土断”。“土断”的中心内容是整理户籍，取消一些侨州郡县，将部分白籍户纳入黄籍，并清查隐匿漏户。

由于流民不断南下，土断政策贯穿整个东晋、南朝。在北朝，户籍制度亦逐步完备。孝文改制，颁均田令，行三长制，当有较严密的户籍制相配合。西魏、北周，有计账、户籍之法。敦煌出土的西魏大统十三年（公元 547 年）计账残卷，是当时计账、户籍制度的珍贵实物。计账所载项目颇多，主要有户主及户内成员、依附人口的姓名、年龄、丁中、受田数字、应纳租调数等，与户籍同为控制劳动人民、征发赋役的依据。

魏晋时期是户籍制度不断走向完善的转型时期。池田温先生把魏晋时期的户籍视为“古代籍帐制度的变质”，笔者同意池田温先生的看法，此时期的户籍制度是古代户籍制度史上的过渡时期。从户籍的书写材料来看，此时期完成了简牍向纸质的过渡。从户籍登记的内容和格式来看，此时期的户籍制度既是对秦汉时期户籍登记格式与内容没有具体标准的整合，也为后世户籍制度的完善做了铺垫。从魏晋开始，户籍要分栏记载每户家庭的基本情况，对于死亡或新登记人口等的户口变动情况均要详细登记的，对于每户的财产也要详细登记拥有土地的性质和数量。其后的户籍基本是按照这样的形式登记的，但登记的内容因政策更迭而变得更加详细。

六、隋唐时期的户籍制度

中国封建制度在隋唐期间达到了高峰。同时，在典章体系的构建上，也是史无前例的。

户籍制度的设置和登记更加严苛。隋文帝一统天下之时，便开始了对户籍的普查，并在全国范围内发布了一项“输籍之法”，以户籍为单位缴纳赋税，同时还制定了《户婚律》。

隋唐时期实行的“输籍定样”制，规定：民始生为黄，4 至 15 岁为小，男子 16 至 20 岁为中，21 至 59 岁为丁，60 岁为老。唐玄宗时改 18 至 22 岁为中，23 岁为丁。国家每年一造计帐，3 年一造户籍。户籍簿一式三份，一份留县，一份送州，一份送户部。编制户籍时，“县司责手实计帐，赴州依式勘造，乡别为卷，总写三通。其缝皆注某州某县某年籍，州名用州印，县名用县印。”唐代仍实行“案比”制度。唐代人李贤为《后汉书》作注，称汉代的“案比”，在唐代叫“貌阅”。

到了唐朝，户籍制走向正规。纸张也已普及，书写较容易。在稳定的社会中，户籍登记能落实到每一家，进行“手实”，即依照一定格式由户主亲自据实填报，“手实”成为制定计帐与户籍的主要依据，每年填报一次。每户交费一个铜钱，作为工本费。

同时实行“貌定”，即当面查看年龄、身份；“团貌”，即集中审查身份；以及确定赋税登记的“定户”（确定赋税等级）；还有“五九三疾”，重点查看将成年的 19 岁、将入老年的 59 岁、将受照顾的 79 岁等 5 个年龄层以及三种残疾，以防虚报年龄等情况。也可见，此时户口管理严密。唐朝的户籍三年一造，三月三十日前完成，一式三份，报户部、州、县。户籍制发展到唐朝，已经很完善了，但依然难以实事求是申报。归于底，人口登记依然是为了征兵服劳役之用。

敦煌文书唐代籍帐残卷中，关于被登记人的面貌特征和疫疾的情况的记载很多。如某人“右足跛”“耳下小瘤”等。案比之后，正式造籍，其原则是自生齿以上，人皆著籍。根据北朝西魏大统 13 年（公元 547 年）敦煌地区的计账文卡看，从黄（1~3 岁）、小（4~9 岁）到老（60 岁以上）、侯（残疾、废疾、笃疾），从家庭成员到奴婢、养子都登记在册。这种户籍格式，一直延续到明清时代。

七、宋时期的户籍制度

宋代户籍法规的渊源，其渊源包括律、令、敦、格、式。律主要为处理刑事犯罪的法律，是对一切触犯统治阶级权益及其社会秩序的犯罪行为惩处的量刑依据，《宋刑统》中有《户婚》篇，较集中地规定了国家对于户籍管理的法规；令作为“邦国之政”，属于行政法的范畴，《宋刑统》编订时就将有关刑名的令编入其中，附于相应律文之后，所以《宋刑统》中也含有《户令》；敕具有最高法律效力，是封建国家编造、核实、保存户籍、管理户口的主要法律依据；格是令的实施细则，是一种特别法；式是有关户籍管理的公文程式。以敕为主体，律、令、格、式综合运用，构成了宋代户籍法规的渊源体系。

宋政府根据常产的多少和是否直接承担国家赋税将全部居民划分为主户和客户，还根据常产的多少将主户划分为五等。此外，还有相当数量的特殊户籍，这些户籍与国家的户籍划分标准有交叉和重合，也有为便于管理而单独设立的。如一等户中特别富裕的形势户、享有特权的官户、为城市人口特设的坊郭户、不计入主客户统计的兵籍、寺观户。由于宋代的编户规则众多，使宋代有着历上最复杂的多元户口调查统计制度，户籍文书主要分成了五大类：为征发职役按户等而设的五等丁产簿；为征派力役和丁税而设的丁账；为征派二税而设的“二税版籍”：税租簿、税租账；为维护地方治安和抽练乡兵而设的保甲簿（后来演变成替代五等丁产簿的征收赋役的凭证）；为登记各州主户波动的情况的升降账。从五等丁产簿到升降账，记载的内容各有偏重，编制的时间交错补充，是宋朝征税派役、管理地方的依据。由于宋政府对于不同的阶级和阶层，规定有不同的特权和义务，加上户籍与赋役直接相关，使诡名户作为宋代赋役制度的一个对立物而出现，它的大量存在不仅影响到封建政府的税收和差科，而且也影响了当时社会各阶级、阶层人们的生产和生活，成为严重的社会问题。为此宋政府制定出严格的法律制度，官府与民户始终在隐漏户口方面进行着斗争。

宋代户籍制度的政治、经济、法律功能在客观上满足了封建国家在政治上、经济上、法律上的需要，实现了国家对于基层社会的有力控制，有效地维持了封建国家的发展，户籍制度在宋代社会发展过程中具有一定的先进性。与此同时，由于宋代户籍制度由高度发展的专制集权政府实施，加之户籍制度本身也包含着统治者无法克服的内在矛盾，也就不可避免地会对宋代的政治、经济及社会发展产生一些消极影响。

八、元代的户籍制度

太祖元年（公元 1206 年），成吉思汗建立蒙古国，同时为适应长年征战的需要创立了与千户制度紧密结合的户籍制度，即将百姓按十、百、千、万分编，严格地限定在九十五个千户之内，随时听命于贵族的征发调遣。这种户籍制度在某些地方直到元朝灭亡都始终存在着。

蒙古统治者在向南不断的征服扩张中，经过几次大规模的对所征服地区（中原和江南）的人口清查，到世祖至元二十七年（公元 1290 年）终于最终形成了元朝在汉族地区的户籍制度。

元代的户籍分类管理制度即“诸色户计”，等同于汉朝的“编户齐民”。元朝廷将全国的人户以不同的标准划分为不同的户计，分别立籍进行管理。在各种不同的户计中，以民户、军户、匠户三种户计人数最多，覆盖面最广，基本上涵盖了元代各种不同的户计分类标准。民户是所有户计中数量最大、赋役最为沉重的户计，也是其他不同户计的来源；军户是具有特殊地位的一种户计，历来被元朝廷所看重，但是普通户计却并不愿意被签为军户；匠户作为满足王公贵族奢侈需要的特殊户计而受到特殊的待遇，虽然匠户的生活也较为艰苦，但是相对于其他劳动者还是要稍胜一筹的。

总体而言，在各种不同的户计中，民户的数量最大，所承担的赋税最为沉重；军户在法律上与民户并无不同，但是军户享有一定的特权，可以蓄奴并且不用缴纳民户所负担的杂泛差役，地方官府也无权对其进行管理；而匠户作为满足蒙古贵族奢侈生活用品的提供者，享有特殊的优遇，不必负担杂泛差役，入局造作朝廷负担衣食。元代的诸色户计制度与唐、宋时期相比是国家户籍管理方式的倒退，这种把人口按不同职业强行划分而又不许相互流动的制度严重地束缚了社会生产力的进步，并对以后的中国造成了深远影响。

九、明代的户籍制度

明朝是中国封建制度发展的一个新时期（公元 1368~1644 年）。一方面，集中的封建主义比以前更加巩固；另一方面，由于社会比较安定，农业、商业和手工业在上一代生产力不断增长的基础上，催生了资本主义萌芽，并且在一定程度上对人们的生活产生了一定影响。

明朝建立后，朱元璋十分重视户口的收集和管理。但由于连年战乱，许多户籍资料已经丢失。为此，朱元璋下定决心，重新建立了一套空前严密的户籍和徭役制度。明朝的户籍制度，是根据财产分类登记，并把登记户籍作为税收，征兵和派遣官员的依据。后期大明的几百年间，朝廷征收税收，分派徭役，组织生产，控制百姓，这套完整的户籍管理制度都功不可没，成为了统治者治国理政的一大法宝。

明朝户籍制度由中央设立专门的“户部”来管理，户部由六大部门组成，即户口部，审核部，外勤部，整理部，复核部，登记部。户口部负责登记、审核和复核户口，根据实际情况登记户口，并在此基础上制定和改进户籍条例。审核部负责审核登记的户口。外勤部负责调查户口的真实性，收集户口数据，检查和审查户口信息。整理部负责整理和复审户口，并将其归入正确的类别。登记部负责登记户口的实际情况，并对户口进行定期更新。

明朝初期的户籍和徭役制度，主要有户贴制度和“均功夫”。户贴制度主要分三部分，一是朱元璋的圣旨，申明建立户贴的意义，要求百姓如实填写，不得隐瞒乱填。二是户贴的主体，准确的登记籍贯，户主名，户口数，男丁数量，妇女数量，与户主的关系，资产等。这和大家现在的户口本上的信息差不多。三是印制，编号，年月日和官员签押。“均功夫”是建立在户贴制度之上的徭役制度。主要的内容是按照田亩数量来征派徭役。

户贴制度和“均功夫”主要在江南推行，算是明朝户籍制度的实验。而在全国统一后，过去的户贴制度和“均功夫”已经不适应发展的需要了。洪武十四年，朱元璋下令全国开始编制户籍黄册。黄册制度相比户贴制度更加详细周密。不但登记了每家每户的籍贯，姓名，年龄，丁口，田宅，资产等信息，并按照职业将户口分为民、军、匠三大籍。民籍除了民户外，还有儒，医，阴阳等户。军籍除了军户外，还有校尉，力士，弓，铺兵等。匠籍，也就是手工业户。民户务农，并向国家缴纳农业税，服徭役。军户的义务是服兵。匠户则必须为宫廷，官府服劳役。

户籍种类一旦确定，不会轻易更改，子孙后代也要世袭职业，即农民的子弟世代为农，工匠的子孙世代做工，军户的子孙世代从军。

而且，明代法律规定“农业者不出一里之间，朝出暮入，作息之道相互知”。也就是说，务农的农民只能在住所方圆一公里之内劳作，早出晚归，每天做了什么事情邻里之间要让相互知晓。任何人离乡百里，都需要有“路引”，实际上就是离开你居住地，就需要开证明。

明朝户籍制度是一套完整的人口管理制度，通过户籍登记和管理机构、家谱和世系传承以及户籍迁移和流动控制等构成要素，实现了统计人口、掌握人口动态、税收征兵和社会管理等目标和功能。无论是早期的户贴制度，还是后期的黄册制，都适应了封建经济发展的需要，是现实需要的必然结果，在当时具有重要的社会管理作用，为政府提供了有效的人口管理手段，有利于社会的发展和经济的繁荣，对于维护社会秩序和推动社会发展起到了积极的作用。

十、清代的户籍制度

清朝早期的户籍制度建立在明朝户籍制度的基础上，最早始于清太宗皇太极年间。当时，清朝正处于建立政权和统一全国的过程中，为了维护国家的统治和社会的治安，需要对全国的人口进行登记和管理。因此，清朝开始采取“以家为户，以户为基本单位”的户籍制度，即按照家庭为单位，建立户籍档案。

当时的户籍制度还比较简单，只有一些基本的信息，例如，姓名、年龄、性别和居住地等。清朝刚刚建立时，通过《天下九府通志》规定，每个居民必须在当地衙门注册登记，记录姓名、年龄、籍贯、职业、家庭成员以及住所等信息，以便于对人口进行管理。同时，清朝还设立了“户部”，负责管理户籍信息，以确保户籍信息的准确性和完整性。

然而，早期的户籍制度对于农民的社会地位产生了一定的限制和影响。在这一制度下，农民的家庭状况和出身背景成为评定其社会地位的主要因素。

在封建等级制度的影响下，农民的社会地位相对较低，且很难改变。同时，这一制度也存在许多缺陷，如登记不全、簿册管理不规范等问题，随着时间的推移，这些问题日益凸显，为清朝户籍制度的演进和改革奠定了基础。

随着清朝国家机构的逐渐完善和社会经济的发展，清朝的户籍制度也逐渐演变。在清朝中后期，户籍制度逐渐形成了更加完备和严格的管理体系。清朝开始实行户口簿制度，《大清律》规定，每个家庭必须有一本户口簿，上面详细记录了家庭成员的姓名、年龄、籍贯、职业等信息。户口簿不仅可以用于确认人口的身份和居住地，也可以作为纳税和征兵的依据。同时，户口簿还可以用于控制人口流动，限制人口迁移，以维护清朝政府的统治。在清朝的一些边远地区，政府规定居民必须向当地官府申请迁入或迁出，而且申请必须经过官府的审核批准，否则会受到处罚。

清朝中期的户籍制度更加注重对人口流动的管理和规范。随着商业贸易的发展和城市化的进程，人口流动量不断增加，给户籍管理带来了很大的挑战。为此，清朝政府建立了“临时户口”和“特许户口”等管理制度，允许在特定条件下人口流动并登记，从而保证了户籍制度的灵活性和适应性。例如，某个地区出现大规模灾害，政府会开放“临时户口”，允许受灾群众在该地区暂住并获得相关政府福利，这一措施既有助于缓解受灾人口的困难，也有利于政府更好地掌握灾情并及时采取救援措施。

此外，清朝还实行了人口普查制度，定期对全国的人口进行普查，以确保户籍信息的准确性和完整性。人口普查的频率和方法在不同的时期也有所不同。

在清朝中后期，每十年进行一次人口普查，通过调查户口簿和询问居民等方式，统计全国人口的数量和构成。这样做的目的是掌握全国的人口状况，以便于制定更加有效的政策和措施，以促进清朝的经济和社会发展。

第三节 我国古代户籍制度的特征

户籍制度的历史由来已久。古代户籍制度自诞生之日起，就不是孤立的。户籍制度与土地制度和赋税徭役制度三位一体，构成了古代国家对社会的控制体系，在中国古代社会两千多年的历史进程中不断地发展演变，推动着国家政治经济的发展。

中国古代户籍制度主要包含两方面内容，一是登记制度，二是管理制度。中国古代户籍制度有着悠久的历史，发源于商周时期，秦汉时期封建户籍制度逐步确立，唐宋时期不断发展，到明清时期趋于成熟，从萌芽到逐渐发展成熟、日臻完善经历了漫长的历史过程，各朝各代都有自身的特色，而中国古代户籍制度与当时的社会环境息息相关。中国古代户籍制度具有地域性、等级性、世袭性等特点，被赋予多项职能。总的来说，古代户口类别繁多、复杂，户籍的社会职能多元化，户口登记调查核实方式严谨、细致，人口迁徙和流动受到严格控制。

一、我国古代户籍制度的特点

（一）户口类别繁多、复杂

我国古代户籍制度根据民户的社会阶层、民族、职业和城乡等对户口进行分类，户口类别往往是各类人群的身份标志，在社会中所享有的权利和义务不同，具有世袭性、凝固性和流动性小的特点。如元代根据民户的民族、宗教和职业对户口进行分类，户口种类繁多，据不完全统计有 30 多种，每种类型的户口在社会中的身份和享有的权利都有明确的规定。另外，有的朝代还会对户口进行多维度和多层级分类。如宋代根据民众居住在城市还是乡村将户口划分为坊廓户和乡村户，根据有无田产划分为主户和客户，同时对主户又根据田产的多少划分等级，户口类别的划分非常复杂。

（二）社会职能多元化

我国古代的户籍制度一开始不仅只是进行户口登记、调查和统计，而是集人口、土地、税收于一体，是各朝代进行征赋派役的重要手段，是划分身份等级的重要依据，也是维护社会稳定的重要保障。征赋派役方面，古代各朝代通过户口登记情况征发赋税徭役，并分配和调节民众的土地占有，这种情况贯穿于我国整个古代社会的发展历程中，总体趋势是户口登记制度逐渐与土地制度分离，户口登记在征赋派役方面的财政功能逐渐减弱，土地制度逐渐承担起征赋派役的财政功能，直至户口登记与土地制度和赋役制度完全脱离。划分身份等级方面，古代各朝代通过户口类别来判断人们的身份等级，并且具有世袭性，这一形式贯穿于整个古代的发展历程中，在元朝时达到鼎盛。维护社会稳定方面，古代各朝代通过户籍管理对全国人口进行管控，特别是人口的迁移和流动方面，可以说，维护社会稳定是古代社会制定户籍管理制度的主要目的。

（三）户口登记调查核实方式严谨、细致

我国古代各朝代为了确保户口登记内容的准确性，采用了大量行之有效的方法和措施。例如，秦每三年（也有记载是每年）通过“自占”和“案比”相结合的方式对户籍进行登记更新，如发现登记信息不实，申报者和相关官员均要收到严惩；汉代在继承秦“自占”“案比”的基础上，还采用“造籍”“上计”“赐民爵”等一系列制度登记核查户口；隋朝开国后，便通过“大索貌阅”的方式核对户籍信息，清查的结果使国家的户籍增加了44万余丁、164万余口。

（四）人口迁徙和流动受到严格控制

在古代无法做到户籍信息及时更新的情况下，为了维护社会稳定，避免因人口迁移和流动导致征发赋税徭役减少，各朝代采用了各种办法限制、禁止人口迁徙和流动，直到清朝中期以后才逐渐放开。居民如需迁徙，必须向官府申报，经过严格批准并办理迁移手续方可迁徙，如果不办迁移手续而擅自迁移的，均会受到法律的惩处。例如，《大明律》规定，所有编入黄册的人户，不得擅自迁徙，出百里之外，需要官府的“文引”，也就是拿到官府的通行证才可流动。

（五）等级森严

等级森严是中国古代封建社会具有的普遍特征，这种特征同样适应到中国古代的户籍制度中，户籍制度的等级性体现在与之相匹配的赋役的征收上，如宋代的“ 坊郭户”户籍主户十等和乡村户籍主户五等的划分，不同等的划分需要缴纳的赋役不同，另外官户的特权户籍，享受特权，这些都体现出中国古代户籍制度的等级性。从中国古代户籍制度的特征可以看出，户籍制度与当时统治者和政府的发展需要息息相关，是中国古代一项重要的社会制度。

（六）多项制度捆绑

多项制度捆绑是指两种及以上制度捆绑在一起发挥作用，从中国古代各朝各代的户籍制度可以看出，户籍制度在很多时候不是作为一种单独的制度存在和发挥作用，更多时候是和其他制度和措施等捆绑在一起的。如西周的户籍管理制度和土地捆绑在一起发挥作用，春秋战国的户籍管理制度和兵制捆绑在一起发挥作用，而整个中国古代户籍管理制度都有赋役制度相捆绑。这种户籍制度与其他制度和措施相捆绑的方式在一定时期适应了当时的社会经济发展，有积极作用。

二、我国古代户籍制度特点的政治逻辑

秦汉以后，中国封建国家一直实行中央集权的政治统治。为实现对整个社会的彻底控制，封建国家必须获得全国范围内的赋役收入才能够维持

国家机器的运转，所以封建国家要建立户籍制度以控制人丁和土地。同时，作为封建统治阶级的地主阶级也要从国家的编户齐民中不断地分割人丁来满足自身利益的需要。也就是说，封建国家与地主阶级虽然在总体目标和根本利益上是一致的，剥削对象都是农民，但二者在具体目标和局部利益有所不同，在剥削过程中的利益分配方面会产生矛盾。前者试图通过户籍制度把农民牢固地控制在土地上以实现自己对农民的赋役剥削，而后者则试图把农民从封建国家的户籍中分割出来以满足自己对农民的剥削。如此一来，这种矛盾斗争有时会非常剧烈，以至于影响了封建国家的改朝换代、统一与分裂。具体而言，在封建社会的政治关系中，农民对地主的人身依附关系是核心。用人身依附关系来保证实行某种超经济强制剥削，是封建社会以租佃制为主要经营方式的自然经济的内在要求。封建国家借助设计周密、控制严苛的户籍制度，通过土地分配、干预土地买卖或者将佃农登入国家户籍、保持相当数量的自耕农等办法来使得农民对国家维持着比较强的依附关系，进而维持中央集权的专制统治。

但是，统治阶级对农民与地主间的人身依附关系的发展一直秉持某种矛盾的态度。一方面，如果认可农民对地主的人身依附关系，而这种关系过快过深发展的话，就会导致封建国家的户籍人口大量流失，造成地主贵族化势力的猖獗，使封建统一国家出现分裂的趋势；另一方面，如果不认可农民对地主的人身依附关系，现实中又不大好处理与地主阶级之间的关系。因为封建国家毕竟是地主阶级的总代表，代表的是地主阶级的利益，既要打击限制，又要拉拢恩赐。这种考虑体现在户籍制度的设计上，就是规定不同的户种和户等，把农民置于与地主阶级不平等的政治社会地位上，以保障地主对农民的超经济剥削。

在封建王朝建立初期，由于国家掌握的土地数量和自耕农的数量都比较多，加之地主阶层不断遭受农民战争的打击，在封建社会五代十国之前的很长一段时间里，这一矛盾及其可能带来的后果被掩盖了。封建国家一直不承认农民对地主的人身依附，佃农的身份也没有明确的法律规定，人身依附关系也没有在户籍上表现出来，只要农民没有丧失编户齐民的身份，那么他们就必须承担对封建国家的赋役义务。但是，也正是由于封建国家不承认这种人身依附关系，从而导致这种依附关系向反方向顽强地发展起来了。在这段历史时期，封建王朝的统治者一直是把调节土地占有、征发赋税徭役与户籍制度联系在一起，依照人头征收的赋税额度远远超过依照财产（主要是土地）来征收赋税的额度，这使自耕农在丧失土地以后无法依靠佃耕地主的土地过活，加之佃农的政治社会地位一直没有得到确立，封建国家不承认农民对地主的这种人身依附，最终导致两种后果出现：一是封建国家与地主阶级、农民阶级之间关系的紧张，封建国家与地主阶级为争夺劳动人口发生激烈的冲突；二是佃农采用逃避户籍登记、违法迁徙等做法来逃避封建国家的赋役剥削。

随着封建地主阶级势力的恢复与发展，佃农对地主的人身依附关系恶性发展，出现了豪强地主，其势力越来越大。面对这种情况，汉代国家采取了种种措施，打击豪强地主，试图扭转农民对地主人身依附关系的发展趋势，阻止户籍人口的流失，但说到底还是自己人打自己人，打击力度还是有限的，效果甚微。无奈之下，封建国家和地主阶级达成妥协，“案户比民”的户籍制度在形式上被保留下来，人身依附关系以一种隐蔽的方式继续发展，似乎风平浪静。事实上，由于封建国家不承认农民与地主间依附关系的合法性而造成的矛盾并未得到彻底解决，只是暂时缓和而已。魏晋南北朝时期，封建国家在频繁的战乱中政治控制能力大大下降，不得不对日益强大的豪强地主集团再作让步。

封建国家对于地主占有佃农的现实终于无可奈何地给予法律上的承认，人身依附关系得以在户籍上表现出来，地主占有的佃客“客皆注家籍”，他们不再是封建国家的编户齐民，不承担封建国家的赋役义务。封建国家对豪强地主的让步使豪强地主势力不断膨胀，形成地位尊荣的门阀士族，他们享有排他性地位和特权，甚至傲视皇族，并与庶民地主的利益发生了冲突，直接挑战中央集权的权威，威胁到国家的长治久安，所以封建国家采取一直努力采取括户、检籍等手段不断打击和削弱门阀士族的势力。隋朝时期，封建国家依然不遗余力地打击门阀士族，一方面加强和完善了户籍管理，加大了对隐匿户口和逃亡人户的惩罚力度，另一方面又以设计周密的均疆制把土地分配给农民，使农民心甘情愿地依附于封建国家。

隋唐国家在均田制基础之上对阶级阶层关系的调整为唐朝带来了近百年的繁荣。但是随着社会经济的发展，土地私有化的逐步深入，唐朝中后期封建国家与地主阶级之间的矛盾再次出现，流民运动再次出现，户籍制度再度失去作用，中国进入五代十国的混乱时期。北宋建立之后，统治者在社会经济发展的压力下，对户籍制度作出了比较大的改革。封建国家逐渐在户籍上明确了佃农的法律地位，佃户便摆脱了地主私属的地位，以客户的身份登入国家户籍，成为国家的编户齐民，但是主佃之间在法律地位上仍然是不平等的，佃农对地主的人身依附关系被置于封建国家的控制之下。统治者征发赋税的主要根据是资产状况，人头税在国家财政收入中下降到次要地位。地主贵族化的趋势遭到遏制，地方分裂趋势不再成为中国封建国家生存的主要成胁。这也是中国封建社会后期，即使是在王朝更替的间隙之间也不再出现长时期分裂的主要原因之一。宋代以后的各个王朝不再有由国家依照户籍进行土地还授的做法。户籍制度实际上已经与土地制度分离。在封建社会晚期，户籍制度开始与赋税制定完全脱离。明清时期，封建国家重新建立了稳定的户籍制度，佃户在法律上不再对地主负有身份性的义务，从而与地主在法律上成为平等的人。明代中期，推行“一条鞭法”，政府开始放松对农民的户籍控制，使农民对地主的人身依附趋于松解，失去土地的农民纷纷离乡外出。清代实行“摊丁入亩”以后，原来“民户以籍为定”的规定成了一纸空文，封建国家在进行户籍登记时已经默认了农民自由迁徙的事实。

户籍制度的发展充分说明了户籍变化的根源是中央集权的封建国家维持政治统治的需要。封建国家政治的基本结构是由国家、统治阶级即地主阶级、被统治阶级即农民阶级所构成的。在传统的国家理论中，人们更加强调的是国家的“代表性”，即将国家看作是某些利益集团或其联盟的代表，最简单化的表述即为：国家是统治阶级利益的代表。因此，国家的决策，不过是统治阶级利益的表达。但是，封建国家毕竟也是必须行使“公共权力”的管理机构，它并不是统治阶级利益的简单代表，而是具有总地主性质、总的阶级目标和特殊利益诉求的相对独立的政治实体，它首先要考虑的是维持对社会各个阶级的统治和其政权的存在。

封建国家“具有明显的自主性”，有着自己的独立利益；“国家的目标并不能等同于社会中某个群体的目标，它还有自己独立的目标；国家可以作为一个自主的行动者存在；国家与统治阶级的利益既有一致的一面。也有矛盾的一面”。同时，户籍制度的发展嬗变反映了封建国家与地主阶级之间的关系的不断变化。其变化路径主要是沿着国家、封建地主阶级与农民阶级之间的斗争与妥协而行进的。其具体演变的内在政治逻辑可以简单概括为：中央集权的封建国家建立，国家特殊利益的形成——利用严苛的户籍制度阻止和限制农民对地主人身依附关系的发展——农民对地主人身依附关系的顽强发展——国家与地主阶级之间产生矛盾，打击、限制与拉拢并在，妥协共存，户籍制度空有其表——经济社会继续发展，户籍制度失去作用，地主贵族化趋势出现，国家与地主阶级矛盾激化——国家政治控制力下降，朝代分裂、更迭——迫于经济社会发展的压力，新建立的封建国家变革户籍制度，认可农民对地主的人身依附——阶级矛盾缓解，但根本矛盾并未完全消除，户籍制度三位一体的功能在一定程度上消解和剥离，最终简化复原为单纯的户籍管理制度。

结束语

中国五千年的文明发展历程，不仅是一种制度上的思想文化，更是一系列具有科学性、民主性、先进性的制度文化。在中国古代由奴隶制到封建专制统治的政治进程中，出现了维护和巩固国家统一的制度，防治腐败的制度，具有科学性和民主性的决策制度以及官吏的选拔与管理制度，在某种程度上消除了专制制度的弊端，使中国古代的政治意识得以固化，对政治主体的政治行为形成了制约，在很长一段时间内维持了古代中国的政治秩序和社会稳定。中国古代制度文明的变革与创新，必须从当时的实际情况出发，本书对中国古代制度的发展与演进进行梳理，并从中找出其特征与规律，发现中国古代的许多管理问题，并从大量的实践研究中获得启示。

参考文献

[1] 杨伟朋，刘战 . 我国古代官吏管理制度的分析与研究 [J]. 黄河・黄土・黄种人，2016（2）:52.

[2] 亓光 . 中国古代制度文明的政治解释 [J]. 云南行政学院学报，2017（5）:112.

[3] 柏桦 . 中国古代抚恤制度与思考 [J]. 中国人事科学，2020（8）:76.

[4] 张师伟 . 礼、法、俗的规范融通与伦理善性：中国古代制度文明的基本特点论略 [J]. 社会科学研究，2019（2）:74.

[5] 阎步克 . 古代政治制度研究的一个可选项：揭示“技术原理”[J]. 河北学刊，2019，39（1）:59.

[6] 阎步克 . 族群互动与中国制度史 [J]. 探索与争鸣，2018（1）:104.

[7] 高保忠 . 中国古代政治制度的变迁 [J]. 中学政史地（初中适用），2019（9）:57.

[8] 荀言 . 中国古代巡视制度梳略 [J]. 中国纪检监察，2015（7）:63.

[9] 曹鲁超 . 研究谏议制度的拓荒性著作——读《中国谏议制度史》[J]. 安康学院学报，2016，28（3）:87.

[10] 陈志豪，孙锦奕 . 我国古代法官责任制度简论 [J]. 湖北警官学院学报，2015，28（11）:115.

[11] 闫莉娜，杨梓慧 . 中国古代巡视制度对当今巡视制度的启示 [J]. 现代商贸工业，2017，38（24）:128.

[12] 张可，王卓然 . 中国古代婚姻制度简析 [J]. 南方论刊，2015（3）:99.

[13] 刘静 . 中国古代政治制度史的疑难点剖析 [J]. 青苹果，2016（24）:47.

[14] 侯欣一 . 中国检察制度史研究现状及相关文献 [J]. 国家检察官学院学报，2016，24（4）:154.

[15] 高光新 . 中国古代侍书制度史研究 [J]. 中国书法，2018（8）:137.

[16] 孙正军 . 何为制度——中国古代政治制度研究的三种理路 [J]. 中国社会科学评价，2019（4）:54.

[17] 魏永康 . 中国古代土地制度问题概述 [J]. 中学历史教学参考，2015（5）:14.

[18] 张生 . 中国古代监察制度的权威性 [J]. 决策探索（上），2018（7）:76.

[19] 邓仰龙 . 科举考试与中国古代的选官制度 [J]. 数码设计，2020，9（6）:118.

[20] 焦雯雯 . 中国古代政治制度史教学培养学生时空观念 [J]. 新课程教学 : 电子版，2022（3）:31.

[21] 杨宽 . 中国古代陵寝制度史研究 [M]. 上海：上海人民出版社，2016.

[22] 龚延明 . 中国古代制度史研究 [M]. 杭州：浙江大学出版社，2013.

[23] 张晋藩 . 中国古代监察制度史 [M]. 北京：中国方正出版社，2019.

[24] 邱江波 . 中国古代言论制度研究 [M]. 济南：山东人民出版社，2019.

[25] 张允起 . 中国政治思想研究丛书 政道溯源 [M]. 北京：商务印书馆，2019.

[26] 杨芳 . 中国历代教育制度与教育思想的发展历程 [M]. 北京：北京工业大学出版社，2019.

[27] 沈兼士 . 中国考试制度史 [M]. 济南：山东画报出版社，2019.

[28] 柏桦 . 中国古代政治法律制度史析 [M]. 天津：天津人民出版社，2019.

[29] 范学辉 . 制度、文化与地方社会 中国古代史新探 [M]. 北京：商务印书馆，2019.